全国の神社

福めぐり

渋谷申博 著

GB

福を探しに、神社まで

初詣や祭、人生儀礼、巡拝など、
さまざまな思いを秘めて
私たちは神社を参拝する。
それらの神社は、
神話の時代の創建と伝わるもの、
大和朝廷の時代や戦国時代に始まるものなど
各地で繰り広げられた数々のドラマを背景に
それぞれの時代に建てられた。

そこに込められた思いは一様ではないが、
「幸福」でありたいという思いは共通しているだろう。
人々を見守ってきた神社も
時には戦火に遭い、時には荒廃することもあったが、

伊勢神宮（内宮）の参道と第二鳥居

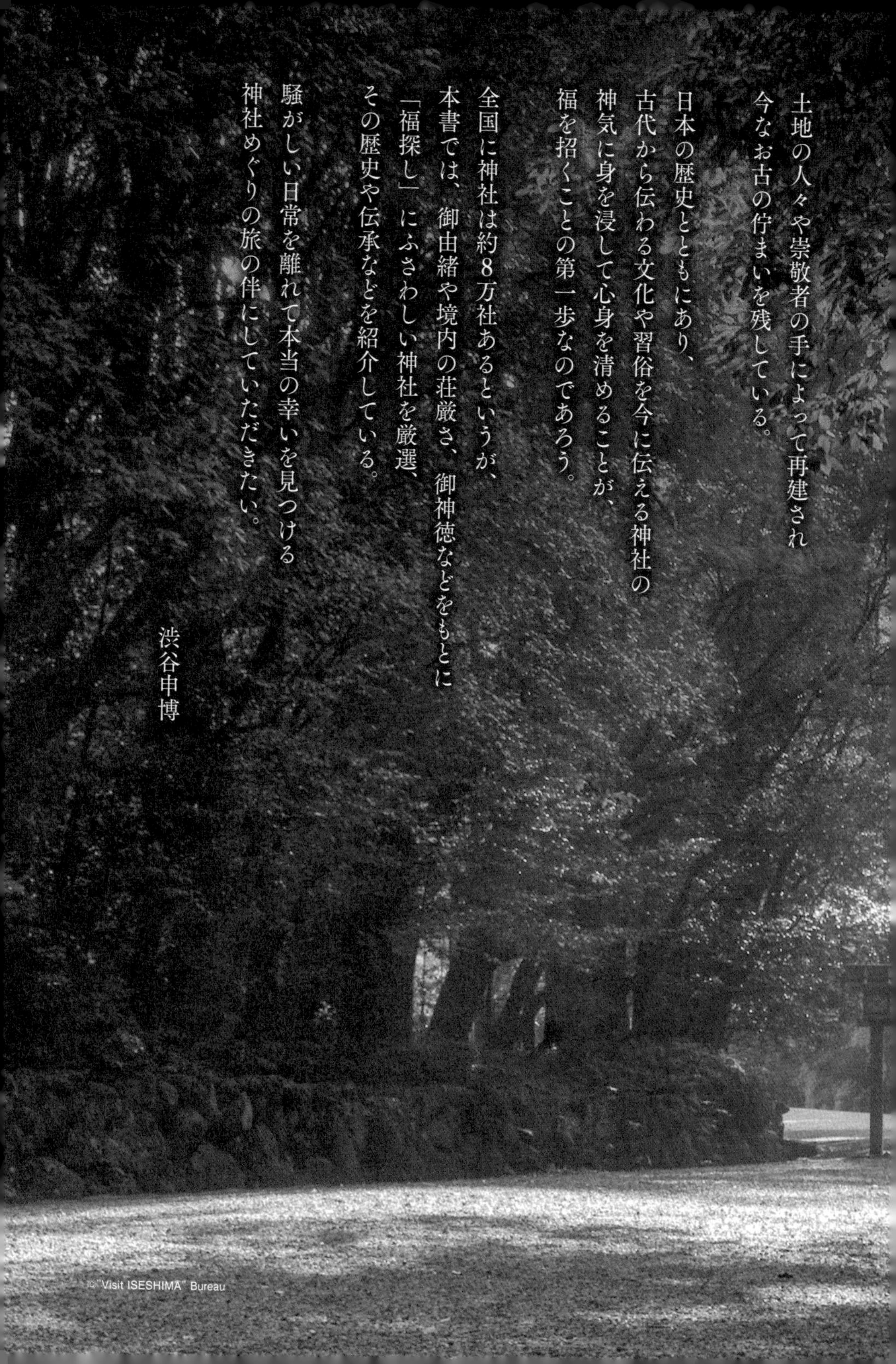

土地の人々や崇敬者の手によって再建され
今なお古の佇まいを残している。

日本の歴史とともにあり、
古代から伝わる文化や習俗を今に伝える神社の
神気に身を浸して心身を清めることが、
福を招くことの第一歩なのであろう。

全国に神社は約8万社あるというが、
本書では、御由緒や境内の荘厳さ、御神徳などをもとに
「福探し」にふさわしい神社を厳選、
その歴史や伝承などを紹介している。

騒がしい日常を離れて本当の幸いを見つける
神社めぐりの旅の伴にしていただきたい。

渋谷申博

©"Visit ISESHIMA" Bureau

目次

全国の神社 福めぐり

第三章 甲信越・東海の神社

第四章 近畿の神社

第五章 中国・四国の神社

第六章 九州の神社

Column

趣味別・神社めぐりのススメ① 映像作品のロケ地めぐり

映画『男はつらいよ』〝寅さん〟ゆかりの神社めぐり

川右太衛門主演の「旗本退屈男」、市川雷蔵主演の「眠狂四郎」、クレージーキャッツ（植木等）主演の「日本一シリーズ」、最近でも織田裕二主演の「踊る大走査線」、佐藤健主演の「るろうに剣心」などがある。

しかし、時代・世代を超えて愛されている作品といったら「男はつらいよ」を除いてほかにないだろう。事実上の最終作が公開されてから20年以上経った今でも、繰り返しテレビなどで放映され続けている。

このように愛され続けている理由は、なにより主演の渥美清の魅力によるところが大きいが、「旅するロマンティスト」が主人公であるところも関係しているのではないかと思う。

そのような人物はすでに『万葉集』に登場しているし、『伊勢物語』など平安文学にもある。おそらく日本人の琴線にもっとも触れる人物造形なのであろう。

映画の場合、さらにこれに映像が加わる。観客は旅する寅さん（車寅次郎）の姿に、知らない町を歩く旅愁を感じたり、遠くなった故郷への郷愁、あるいは出会いへの期待、別れの悲しみを抱いたりする。

そして、繰り返し旅に出たくなるように、また寅さんの映画が見たくなるのだ。

寅さんの「商売」の現場と恋の舞台を旅する

テキ屋（祭などに露店をだす商売人のこと）が生業の寅さんにとって、神社はまさに仕事場。啖呵売りの腕の見せ所であり、また出会いの場でもあった。

映画には人気シリーズがいくつもある。古いところでは市

霧島神宮（▶P131） 大晦日に霧島神宮で行われていたTV番組「ゆく年くる年」の生中継インタビューに寅さんが登場（第3作『フーテンの寅』）。

亀戸天神社（▶P60） 寅さんが幼なじみの千代（八千草薫）とデートする（第10作『寅次郎夢枕』）。

善知鳥神社 境内で寅さんが易断本の啖呵売りをする（第15作『寅次郎相合い傘』）。

青森県青森市安方

寅さんは幸福をもたらして去っていく来訪神？

平成30年（2018）に日本の来訪神がユネスコの無形文化遺産に選ばれたことは、まだ記憶に新しい。

来訪神とは海の向こうなどの異界から人里にやって来て幸福をもたらし、数日の滞在後に去っていく神のことをいう。正月に家々に訪れる年神なども来訪神の一種だ。

寅さんはまさに、この来訪神のような存在といえよう。

テキ屋である寅さんは祭を追うように各地の社寺に現われ、笑いをもたらしてはどこかへと去っていく。妹のさくらが住む「とらや」においても、寅さんは不意に帰ってきては、また旅立ってしまう存在だ。

寅さん映画を繰り返し見ても飽きがこないのも、そうした寅さんの来訪神的性格によるのかもしれない。

前述のように神社は寅さんの職場なので、多くの作品の舞台となっている。

たとえば、霧島神宮（鹿児島県・第3作）、網走神社（北海道・第11作）、善知鳥神社（青森県・第15作）、根津神社（東京都・第18作）、和多都美神社（長崎県、第27作）、赤間神宮（山口県・第37作）、金刀比羅宮（香川県・第46作）といったぐあいだ。

参詣者の風俗の変化を見るのも楽しいし、めずらしい祭が見られるのも嬉しい。

石切劔箭神社（▶P97） 寅さんが水中花を啖呵売する（第27作『浪花の恋の寅次郎』）

水天宮 寅さんが愛子（岸本加世子）をサクラにして啖呵売（第28作『寅次郎紙風船』）。

福岡県久留米市

江島神社 参道を寅さんと満男、かがりの3人が歩く（第29作『寅次郎あじさいの恋』）

神奈川県藤沢市

寅さんゆかりの神社

番外編

ロケ地ではないが、「寅さんゆかりの神社めぐり」の際にはぜひ立ち寄っておきたい神社がある。柴又帝釈天の近くに鎮座し、寅さんそっくりの埴輪が出土した柴又八幡神社と、若き日の渥美清が祈願をしたという小野照崎神社だ。

柴又八幡神社境内の古墳（6世紀）から出土した「寅さん埴輪」。

柴又八幡神社 東京都葛飾区柴又

小野照崎神社 東京都台東区下谷

写真提供：葛飾区郷土と天文の博物館

映画『ゴジラ』シリーズ

ハリウッドにも進出した大怪獣

ゴジラ・シリーズもまた国民的映画といえよう。平成28年（2016）に公開された『シン・ゴジラ』の大ヒットは、ゴジラの根強い人気を再確認させてくれた。ゴジラはハリウッドにも進出しており、今や渡辺謙と並ぶ世界的〝俳優〟となっている。

興味深いのは、このシリーズの第1作『ゴジラ』（昭和29年〈1954〉公開）でも、最新版の『シン・ゴジラ』でも、神社が重要な役割を果たしていることだ。

まず『ゴジラ』では、呉爾羅（ごじら）伝承が残る大戸島（おおどしま）で海の怪異が収まるよう神社に神楽を奉納するシーンがある。映画を見ていると太平洋の孤島でロケしたように思えるが、実は三重県鳥羽市の賀多（かた）神社で撮影された。演じられている神楽も賀多神社に伝わるものという。

このシーンが入ることで、ゴジラの名の由来とゴジラが神として崇められてきたことが示されるわけだが、この設定は『シン・ゴジラ』でも受け継がれている。さらに『シン・ゴジラ』の作中では、ゴジラの英語表記(Godzilla)の中にも「神（ゴッド）」が含まれていることが指摘されている。

その『シン・ゴジラ』では、東京都大田区の多摩川べりに鎮座する多摩川浅間（たまがわせんげん）神社が自衛隊の前衛指揮所とされるという驚きの設定で登場する。

さらにゴジラが上陸したのち品川付近を侵攻する場面では、品川神社（品川区）や旧穴守（あなもり）稲荷（いなり）神社大鳥居（大田区）なども画面に登場する。

賀多神社　「ゴジラ」シリーズ第1作のロケ地として有名。神亀元年（724）の創建と伝わる古社で、天之忍穂耳命ほかを祀る。
三重県鳥羽市鳥羽

多摩川浅間神社　鎌倉時代初期、北条政子の創祀と伝わる。『シン・ゴジラ』にちなんだ御守や絵馬も授与している。
東京都大田区田園調布

品川神社　源頼朝（みなもとのよりとも）の創建と伝わる。映画では、人々がゴジラから逃げ惑うシーンに登場。
東京都品川区北品川

旧穴守稲荷神社大鳥居　映画では、ゴジラはこの大鳥居の前を通って東京に侵入する。
東京都大田区羽田空港

『金田一耕助』シリーズ

数々の流行語を生んだ本格ミステリー

金田一耕助を主人公とするミステリーは何人もの監督によって映画化されてきたが、一大ブームとなったのは市川崑監督、石坂浩二主演のシリーズ（1976年〜）だった。いくつもの流行語を生んだこのシリーズにも、度々神社が登場する。

原作者の横溝正史は日本の民俗を本格推理小説に生かしたことで知られるが、その雰囲気をもっともよく表現したのが市川崑監督であった。同時期にテレビ放映された古谷一行主演のシリーズ（1977年〜）も原作に忠実で人気があった。

なお、〝寅さん〟でお馴染みの渥美清も金田一耕助を演じている。野村芳太郎監督の『八つ墓村』（1977年）だ。

仁科神明宮 『犬神家の一族』(1976/2006)の那須神社。

長野県大町市社宮本

穴門山神社 加藤シゲアキ主演『悪魔の手毬唄』(2019)。

岡山県高梁市川上町

三座神社 野村芳太郎監督、渥美清主演『八つ墓村』(1977)。

岡山県高梁市中井町

外国映画のロケ地となった神社

外国映画にも、日本を舞台にしたものが少なからずある。なかにはそこで取り上げられた神社が映画の公開国で話題となり、日本人が知らないところで参拝ブームが起こったということもある。

たとえば、ハリウッド映画の『SAYURI』（2005年公開）は京都を舞台とし、芸者を主人公とした作品であるが、伏見稲荷大社の千本鳥居が印象的な使われ方をしている。

また、タイ映画の『タイムライン』（2014年公開）は佐賀県を舞台としたラブストーリーで、ヒロインが祐徳稲荷神社を参拝するシーンがタイで有名になった。

古典的な作品にも神社は登場している。『007は二度死ぬ』（1967年公開）では熊野那智大社がボンドの偽装結婚式のシーンで使われている。

祐徳稲荷神社 2014年のタイでの映画公開後、同国からの観光客が激増した。

佐賀県鹿島市古枝

熊野那智大社 (▶P91) ジェームズ・ボンド（ショーン・コネリー）が偽装結婚式を挙げるシーンのロケ地となった。

アニメに登場する神社めぐり

〝おたく〟が生み出したもう一つの〝聖地巡礼〟

映像作品の舞台となったロケ地をめぐることを〝聖地巡礼〟と呼び始めたのは、アニメのファン（いわゆる〝おたく〟）たちで、2000年頃からではないかといわれる。

正直なことをいうと、私はそうした〝聖地巡礼〟に最初はあまりいい印象をもっていなかった。しかし、アニメに取り上げられる社寺が増え、社寺の方でも今まで神社仏閣に関心をもたなかった人たちへのアピールの機会と捉えるようになってきたことで、アニメ・社寺の両者にさまざまな形の相乗効果が現われてきた。私も〝聖地巡礼〟はまだまだ面白くなる、と意見を変えた。

鷲宮神社　『らき☆すた』主人公の友人姉妹が住んでいるという設定で登場する。

埼玉県久喜市鷲宮

近江神宮　「かるた」の聖地として有名で、『ちはやふる』実写版映画のロケ地にもなった。

滋賀県大津市神宮町

金比羅宮　ジブリ映画『耳をすませば』で主人公の雫が告白される場所。

東京都多摩市桜ヶ丘

金長（きんちょう）神社　ジブリ映画『平成狸合戦ぽんぽこ』に登場する金長狸を祀る。

徳島県小松島市中田町

町全体が〝聖地化〟地域ぐるみのイベントも

〝聖地巡礼〟の早い事例として、TVアニメの『らき☆すた』（2007年）の鷲宮（わしのみや）神社（埼玉県久喜市）があげられる。ファンの参拝が増えたことに地元の商工会が反応して、オリジナルのグッズを制作するなど地域をあげての〝聖地化〟へと発展した。この成功が各地の〝聖地〟に与えた影響は大きい。

『ガールズ&パンツァー』（2012～13年）の舞台となった茨城県東茨城郡大洗町も〝聖地化〟した町として知られる。ここに鎮座する大洗磯前（おおあらいいそさき）神社も劇場版（2015年公開）で重要な舞台となっている。

末次由紀作のマンガ『ちはやふる』は、アニメ化（2011〜20年）に続いて実写版映画（2016・2018年）も作られ、舞台の1つである近江神宮（滋賀県大津市）もすっかり〝聖地〟としての認知が定着した（もともと近江神宮は『百人一首』第一首目を詠んだ天智天皇を祀っていることから「かるた」の聖地となっていた）。

ジブリの生真面目さ 新海誠の緻密さ

日本を代表するアニメ映画を10本あげるとすれば、その半数はスタジオジブリと新海誠の作品で占められてしまうだろう。ともに日本の風景の美しさを、実写映画では決してできない鮮やかさで見せてくれた。

ジブリ作品で興味深いのは、神をテーマにした『もののけ姫』や『千と千尋の神隠し』より、現代もののほうが神社が印象的に使われていることだ。たとえば、『耳をすませば』（1995年公開）では、主人公が同級生から告白される場所が地元の神社（東京都多摩市の金比羅宮がモデル）。幼い頃から隠れ家的に遊んでいたことを想像させるシーンだ。

いっぽう新海誠作品では、都心の一見ありふれた神社が、奇跡が起きる現場となる。

とくに『君の名は。』（2016年公開）のラストシーンに使われた須賀神社（東京都新宿区）の参道が有名だが、『天気の子』（2019年公開）では廃ビルの屋上の神社がヒロインに奇跡の力を与える。また、実在する気象神社（東京都杉並区）も重要な役割を果たす。

沼名前神社　ジブリ映画『崖の上のポニョ』の舞台とされる鞆の浦に鎮座。

広島県福山市鞆町

須賀神社　新海誠監督『君の名は。』のラストシーンで瀧と三葉が出会う「男坂」。

東京都新宿区須賀町

代々木八幡宮　新海誠監督『秒速5センチメートル』に登場。

東京都渋谷区代々木

気象神社　新海誠監督『天気の子』作中に度々登場する。

東京都杉並区高円寺（※氷川神社境内）

「アニメ聖地」一番札所

「訪れてみたい日本のアニメ聖地88」は、アニメツーリズム協会が投票で決定した〝聖地〟88選。その一番札所は、社務所にインフォメーションスポットがある武蔵野坐令和神社だ。参拝の折には角川武蔵野ミュージアムも立ち寄っておきたい。

武蔵野坐令和神社　KADOKAWAが運営する複合施設ところざわサクラタウン内に鎮座。

埼玉県所沢市東所沢

趣味別・神社めぐりのススメ② 動物にまつわる神社めぐり

〝愛猫家＆愛犬家〟のための神社巡拝

愛するがゆえに神に祈り神に祀る

犬や猫がいつ頃から飼われていたのか、正確なことはわかっていない。犬に関しては縄文遺跡から骨が出土しているので、縄文時代からのつき合いということは確実であろう。

いっぽう猫は、経典や仏像をネズミから守るために、6世紀頃に中国から輸入されたのだろうといわれてきた。ところが、弥生時代の遺跡から骨が発見され、その歴史はぐっと遡ることになった。犬も猫も狩りや害獣除けといった実用性があって飼い始めたものと思われるが、その愛らしさから愛玩動物としての地位を確立していった。すでに平安時代の貴族は犬猫にめろめろで、病気になったり姿が見えなくなると祈祷を行ったりしていた。宇多天皇などは飼っていた黒猫の様子を詳細に日記に記している。

蚕をネズミから守る猫は養蚕の神のお使いともされた。写真は阿豆佐味天神社の狛猫。

功績があった犬猫は手厚く葬られ、時として信仰の対象となった。各地にみられる犬塚・猫塚がそれだ。和歌山電鐵の猫駅長のたまのように、地方鉄道再生のシンボルとして神に祀られることもある。

愛猫家・愛犬家必拝 猫・犬を守る神社

まず、犬猫両方守ってくれる神社から紹介しよう。実はこれは意外に少なく、座間神社（神奈川県座間市）内に鎮座する伊奴寝子社もそんな理由から平成24年（2012）に創建された。市谷亀岡八幡宮（東京都新宿区）はペットと一緒に初詣ができる貴重な神社だ。

猫は蚕をネズミから守るので、養蚕地域で神のお使いとされることがある。東京都立川市の阿豆佐味天神社にもそうした信仰が伝わるが、近年は家出猫が戻る猫返しのご神徳で知られる。猫の宮（山形県高畠町）は主人を守った忠猫を祀っている。

犬は安産・子だくさんの象徴でもあった。写真は田無神社の子授け犬。

犬の場合は見付天神矢奈比賣神社境内社の霊犬神社（静岡県磐田市）のように、忠犬を祀るところが多い。また、三峯神社（埼玉県秩父市）のようにオオカミ（お犬様）を神使とするところも犬の守り神とされる。

猫を祀る神社　犬を祀る神社

信夫山ねこ稲荷
ネズミ退治の狐を祀る。猫の幸せ祈願で有名。
福島県福島市御山岩坂

阿豆佐味天神社
猫返しのお守り・絵馬もある。
東京都立川市砂川町

市谷亀岡八幡宮
ペットと一緒の初詣・ペットのお守りで有名。
東京都新宿区市谷八幡町

伊奴寝子社（座間神社内）
社殿前の犬・猫の像をなでると願いがかなう。
神奈川県座間市座間

楠珺社（住吉大社内）
毎月初辰の日に裃姿の招福猫が授与される。
大阪府大阪市住吉区住吉

たま神社（貴志駅構内）
名誉永久駅長のたま大明神を祀る。
和歌山県紀の川市貴志川町神戸

今戸神社
招き猫発祥の地ともいわれる。
東京都台東区今戸

住吉神社
猫の恵美須・大黒天と猫祖神の像がある。
東京都青梅市住江町

大口真神社（武蔵御嶽神社境内社）
日本武尊を導いたオオカミ（お犬様）を祀る。
東京都青梅市御岳山

養父神社
境内には猫の宮と呼ばれる迦遅屋神社がある。
兵庫県養父市養父市場

写真提供：高畠町観光協会

猫の宮
観音より授かった猫の玉を祀る。近くに犬の宮も。
山形県高畠町高安

猫神社（美與利大明神）
蚕を守り豊漁を招く猫神を祀る。
宮城県石巻市田代浜

写真提供：大館市

老犬神社
主人を守ろうとした忠犬シロを祀る。
秋田県大館市葛原

伊奴神社
安産・子授け・厄除けの神徳があるとされる。
名古屋市西区稲生町
※ペット同伴の参拝不可

見付天神矢奈比賣神社境内の霊犬神社
妖狒々を退治した霊犬悉平太郎を祀る。
静岡県磐田市見付

黒犬神社（鬼岩寺内）
「死しても負けずの神」とされる神犬クロを祀る。
静岡県藤枝市藤枝

十二支神社めぐり

その年の干支を気にするのもよいが……

毎年正月が近づくと雑誌などで「来年の干支ゆかりの社寺」の特集が組まれる。もちろん、そういった社寺をお参りするのもお勧めなのだが、その年の干支ではなく、自分の生まれ年の干支にゆかりの神社をめぐってみるというのも面白い。

大豊神社（京都市）の境内社・大国社の狛鼠。

阪神タイガースの聖地として有名な大江神社（大阪市）の狛虎。

以下にその例を紹介するので、参考にしていただきたい。

十二支ゆかりの神社を探す際に参考となるのが神使だ。神使は神のお使いをする動物のことで、稲荷神のキツネが有名。

十二支の動物でいうと、大国主神のネズミ（子）、天神様こと菅原道真公の牛（丑）、伊勢神宮・石上神宮のニワトリ（酉）、日吉・日枝神社のサル（申）、和気清麻呂公のイノシシ（亥）がある。「因幡の白ウサギ」神

子　大国社

大豊神社の大国社（京都市左京区）／日吉大社の鼠社（滋賀県大津市）

寅　虎狛神社

虎狛神社（東京都調布市）／大江神社（大阪市天王寺区）／諏訪神社（群馬県藤岡市）

辰　荏原神社

田無神社（東京都西東京市）／九頭龍神社（神奈川県箱根町）／荏原神社（東京都品川区）／馬橋稲荷神社の龍の鳥居（東京都杉並区）

丑　平河天満宮

各地の天満宮・天神社／牛嶋神社（東京都墨田区）

卯　白兎神社

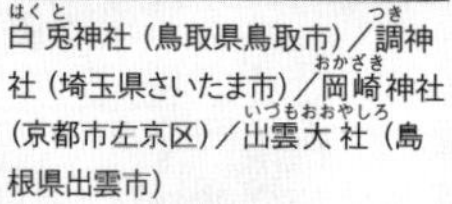

白兎神社（鳥取県鳥取市）／調神社（埼玉県さいたま市）／岡崎神社（京都市左京区）／出雲大社（島根県出雲市）

巳　西新井熊野神社の大蛇の注連縄

蛇窪神社（東京都品川区）／金蛇水神社（宮城県岩沼市）／大神神社（奈良県桜井市）／西新井熊野神社（埼玉県所沢市）

話からウサギ（卯）も大国主神の神使扱いされることがある。

水神に関わる辰と巳 午は神社につきもの

残りの干支は少々難しい。辰（龍）と巳（ヘビ）は水神と結びついていることが多い。奈良県桜井市の大神神社は水神ではないが、ご祭神がヘビの姿をされるといわれる。また、埼玉県所沢市の西新井熊野神社のように藁でヘビを作る民俗が各地で見られる。社殿の正面に龍の彫刻があるのをよく見かけるが、これは火災除けの意味もある。

かつては雨乞いなどの祈願をする際に神社に馬を奉納した。境内に馬の彫像を置いている神社が多いのはそのためだ。絵馬も馬の代用品であった。

白兎神社（鳥取市）の兎の神使像。

犬については「愛猫家&愛犬家のための神社巡拝」をご覧いただきたい。

問題は寅（トラ）と羊（ヒツジ）だ。いずれも日本にいなかった動物なので信仰と結びついていない。ただ、トラは毘沙門天のお使いなので、大阪市の大江神社のように近世以前に毘沙門天を祀っていた神社にトラ像が置かれていることがある。

群馬県安中市と名古屋市の羊神社は、羊太夫という奈良時代の人物ゆかりの神社だ。

足腰の守護神として有名な護王神社（京都市）の狛猪。

午　丹生川上神社下社の神馬

藤森神社（京都市伏見区）／賀茂神社（滋賀県近江八幡市）／荒川駒形神社（遠野市）／丹生川上神社［上社・中社・下社］（奈良県）

未　羊神社

羊神社（愛知県名古屋市／群馬県安中市）

申　巣鴨猿田彦大神庚申堂

巣鴨猿田彦大神庚申堂（東京都豊島区）／日吉大社（滋賀県大津市）／全国の日吉神社・日枝神社

酉　石上神宮境内の鶏

大鳥大社（堺市西区）／全国の大鳥神社・鷲神社・白鳥神社
石上神宮（奈良県天理市）

戌　老犬神社

▶P12「〝愛猫家＆愛犬家〟のための神社巡拝」参照
※写真は老犬神社の社殿
（写真提供：大館市）

亥　護王神社

護王神社（京都市上京区）
岡太神社（兵庫県西宮市）

自分だけの〝こだわり神社めぐり〟のススメ

分社めぐりから御朱印、お札、彫刻、狛犬まで

有名神社全参拝を目指したいところだが……

本書に収録している神社は各地域を代表する神社であり、古くから崇敬を集めてきた神社なので、ぜひ参拝してもらいたいと思う。

しかし、コロナ禍のようなことがあると、遠くの神社に行くのがはばかられるし、そのようなことがなくても、仕事の都合や体の調子のために遠出が難しいこともある。

そういう時は神社めぐりができないのかといえば、もちろんそんなことはない。一般には知られていないだけで、どの町、どの地方にも素晴らしい神社はあるのだ。

といっても、漠然と近所の神社をめぐるのも気が進まないと思われるかもしれない。そのような方は、自分なりのテーマを決めて神社をめぐってみてはどうだろうか。

たとえば、白山神社とか諏訪神社といった、同じ名前の神（各地にある分社）ばかりめぐってみるというのも一つの方法だ。中心となる総本宮を皮切りにして有名な神社からめぐってもいいし、家の近くにある神社から順にめぐるのもいいだろう。こうした分社めぐり専用の朱印帳を作れば、同じ神社の名前ばかりが並ぶので後で眺めるのも楽しい。

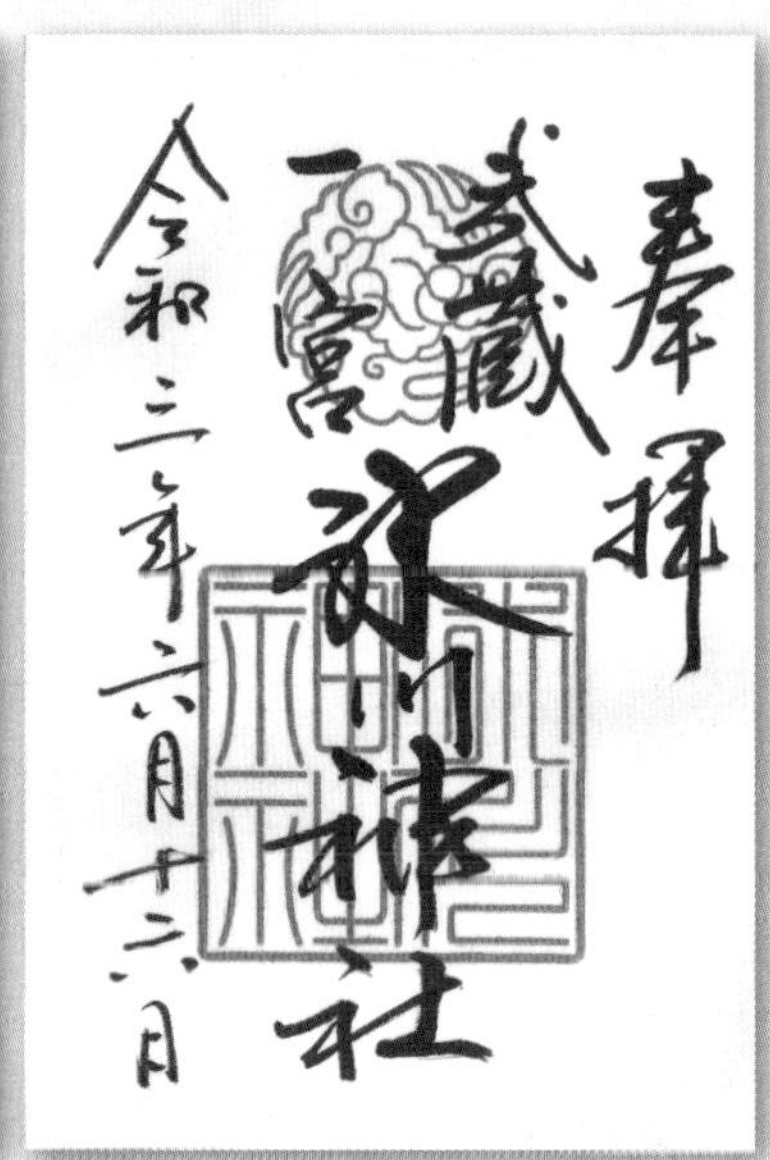

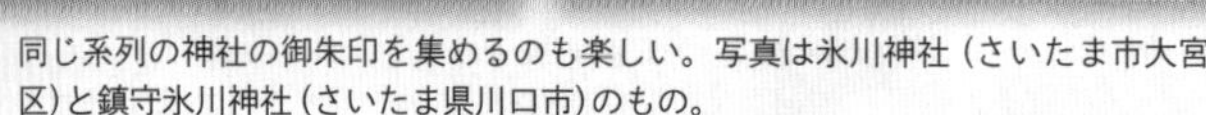

同じ系列の神社の御朱印を集めるのも楽しい。写真は氷川神社（さいたま市大宮区）と鎮守氷川神社（さいたま県川口市）のもの。

〝推し〟の神様の追っかけをしてみる

みなさんは、お気に入りの神話などあるだろうか。最近は神話を題材とした小説やマンガもあるので、〝推し〟の神様がある人もいるだろう。だったら、その神様の追っかけ巡拝をしてみるのもいい。

たとえば、ヤマタノオロチ退治で知られる須佐之男命はいろんな神社で祀られている。八坂神社、氷川神社、八重垣神社、津島神社、みな須佐之男命を祀っている。

御穂神社（静岡市清水区）で頒布されている大国主大神の御影が描かれたお札。

各地を遠征した英雄神・日本武尊や、美女神の代表である木花之佐久夜毘売命を祀る神社をめぐるのも面白いだろう。

神社にはお寺ほど御影（神仏の姿を描いたお札）を頒布するところが多くないのだが、それだけに見つかった時は嬉しい。2枚3枚と集まってくると資料としても貴重だ（ただし、お札や朱印は信仰の対象となるものなので、トレーディングカード集めみたいに興味本位にならないよう注意したい）。

神様ゆかりの縁起物（土鈴、木彫、おみくじなど）や土産物（お菓子や酒など）もあるので参拝前に調べておこう。

狛犬や社殿彫刻を目当てに参拝する

神社には魅力的なものがたくさんある。たとえば鳥居、狛犬や神使の像、社殿の彫刻、本殿・拝殿・門などの建築などなど。こうしたものは地域や時代によって変化があり、祀っている神様によっても異なることがある。

注目ポイントをしぼっておき、神社を参拝するたびにそれを観察し記録していくと、参拝の思い出にも厚みが増すだろう。時には同好の士とめぐるのも楽しい。

なお、そうしたものを観察するのは、お参りをすませた後にすること、他の参拝者の邪魔にならないようにすることを忘れないようにしたい。神社はあくまでも信仰の場であることを、常に胸に銘じておきたい。

“狛犬めぐり”も神社めぐりの楽しみ方の一つ。狛犬にもいろいろな種類があり、素材にしても石だけでなく、木製や陶器製もある。姿も唐獅子に近いものや犬らしいものがあり、子どもがいたり毬をもっていたりする。写真は右が十二所神社（武蔵村山市）のもので、右下に子犬が転げ落ちている。左はユーモラスな顔をした氣比神宮境内社・兒宮（福井県敦賀市）の狛犬。

“御祭神（ご分社）めぐり”の例

左に挙げた系列の神社は、全国的に分社が多い。“推し”の神様を巡拝する際の参考にしよう。

八幡宮・八幡神社

大分県宇佐市の宇佐神宮を総本宮とし、八幡大神（応神天皇）を祀る。京都府八幡市の石清水八幡宮、神奈川県鎌倉市の鶴岡八幡宮からの分社も多い。

日吉神社・日枝神社

滋賀県大津市の日吉大社を総本社とする神社。「日吉」は比叡山よりきているので「ひえ」と読むところもある。天台宗との結びつきが強いため寺院と隣接するところも多い。

白山神社

石川県と岐阜県にまたがってそびえる白山の女神を祀る神社で、石川県白山市の白山比咩神社を総本社とする。全国に分社があるが、とくに石川・岐阜・新潟に多い。

天満宮・天神社

天神様として知られる菅原道真公を祀る。京都市の北野天満宮、福岡県太宰府市の太宰府天満宮を総本宮とし、防府天満宮・湯島天満宮・亀戸天神社など個性派が多い。

諏訪神社

長野県諏訪市などに鎮座する諏訪大社を総本社とする神社。武神の建御名方神を祀り、武士の崇敬を受けた。諏訪は諏方・周方・洲波と表記されることもある。

住吉神社

神功皇后の新羅遠征を守護した住吉三神を祀る神社。大阪市の住吉大社がもっとも有名だが、福岡市や山口県下関市の住吉神社も信仰の中心的存在であった。

稲荷神社

京都市の伏見稲荷大社を総本社とする。稲作の神であるが商売繁盛の神として広く崇敬されており、個人宅内に祀られることも多い。笠間稲荷神社、高山稲荷神社などが有名。

熊野神社

和歌山県の熊野地方に鎮座する熊野本宮大社・熊野速玉大社・熊野那智大社を総本社とする神社。3社の神を祀る神社と、いずれか1社の神を祀る神社がある。

氷川神社

埼玉県さいたま市の（大宮）氷川神社を総本社とする神社。須佐之男命を祀る。東京・埼玉の人にはなじみ深い神社であるが、分布はその範囲に限られている。

まだまだある“ご分社めぐり”

同じ名前をもった神社（同じ総本宮・総本社からの分社）はまだまだある。たとえば、奈良市の春日大社を総本社とする春日神社。春日大社・春日神社は鹿が神使なので、狛犬ならぬ狛鹿が出迎えてくれるところもある。また、各地にある神明神社・神明社は伊勢神宮の分社的存在だ。ほかに滋賀県高島市の白鬚神社を総本社とする白鬚神社・白髭神社・白髯神社、香川県仲多度郡琴平町の金刀比羅宮を総本宮とする金刀比羅宮・金比羅宮・金比羅神社などがある。京都市の八坂神社と愛知県津島市の津島神社は祇園信仰に由来する神社で、祇園祭の広まりとともに各地に分社が建てられた。

参拝前に
知っておきたい！

神社の基礎知識

神社への参拝の作法とは？　神社にはどんな神様がお祀りされているの？
――神社と神様のことを知ることで、より神様に近づけるはず。

広重『王子稲荷』（国立国会図書館蔵）

図解 神社の境内

◆ 神社にあるもの ◆

① 鳥居	境内などの聖地と俗界の境を示す象徴的な門。神社のシンボルともなっている。
② 参道	神社の入口と本殿を結ぶ道。街や主要な道と神社を結ぶ道をいう場合もある。
③ 燈籠	参道を照らすための設備であるが、神前を飾る意味合いもある。木造･石造･銅造などがある。
④ 手水舎	「ちょうずや」ともいう。参拝前に手と口を清める場所。自然の川を手水とする神社もある。
⑤ 神楽殿	御祭神に神楽などの芸能を奉納する建物。舞殿ともいう。拝殿を兼ねることもある。
⑥ 摂社 末社	境内にある社。区別に特別な決まりはないが、摂社のほうが大きい社殿であることが多い。
⑦ 狛犬	社殿を護る聖獣。正しくは口を開けたほうが獅子、口を閉じたほうを狛犬という。
⑧ 拝殿	本殿にお祀りする御祭神を礼拝するための建物。殿内に上がってお参りするのを正式参拝という。
⑨ 本殿	正殿と呼ぶ神社もある。御祭神の神霊が宿る御神体が奉安されている。内部は非公開。
⑩ 授与所	神札･護符や記念品などを授与するところ。御朱印の受付をするところもある。
⑪ 社務所	神社の事務を行うところ。正式参拝などの受付や神札･護符などの授与を行う神社もある。

お寺に比べて神社の境内はシンプルと思われがちだ。しかし、神社のことをよく知れば、実は見所が多いことがわかってくる。

たとえば、本殿や鳥居の形は、御祭神によって形が異なることがある。また江戸時代の社殿には見事な彫刻が施されていることがある。狛犬や稲荷社の狐、天満宮の牛といった神使の表情もそれぞれ違って面白い。

摂社や末社も興味深い。神社によって祀られている神様はいろいろだ。本殿の御祭神に関わりの深い神様や、地域で信仰されている神様、もとはほかで祀られていた神社だったものもある。それらは地域の信仰史の縮図ともいえる。

鳥居に刻まれた奉納者の名、ゆかりの句が刻まれた句碑や記念碑などにも歴史は秘められている。また、神社によっては富士塚や土俵、神田といった信仰施設もあったりする。

図解 手水と参拝の作法

手水は簡略化された禊の作法

日本の神様は穢れを嫌う。それゆえ参拝の前には、本来は海水や川などでに浸かって全身を清める禊が必要なのだが、実際に行うのはなかなか難しい。そこで考案されたのが手水である。手と口をすすぐことで禊の代用とするのだ。

具体的な作法は左の図の通りだが、ポイントは柄杓に口をつけないこと。また、お清めのための場であって、手洗い場ではないことにも注意したい。手が汚れているのなら、まず洗面所で洗ってから手水を行うようにしなければならない。

◆手水の作法◆

1 一揖（会釈）をして手水舎の水盤の前に進む。

2 柄杓を右手で取って水を汲み、まず左手を洗う。

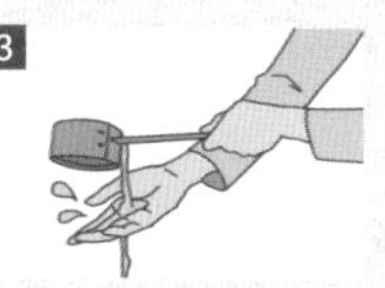

3 続いて柄杓を左手に持ち替え、右手を洗う。

6 柄杓を右手に持ち替え、左手に水を受けて口をすすぐ。

5 もう一度左手を洗ったのち、残り水で柄を洗う。

6 柄杓を元に戻し、手を拭き、手水舎に一揖する。

拍手で神への敬意を示す

神社での拝礼は拝と拍手からなる。腰を深く曲げる拝は、もっとも丁寧な礼。手を叩く拍手（柏手ともいう）は神や貴人に対して敬意を示すものだ。

神社によっては四拍手など違う作法を伝えるところもあるが、一般的には二拝二拍手一拝が正式な参拝法とされている。

◆拝礼の作法◆

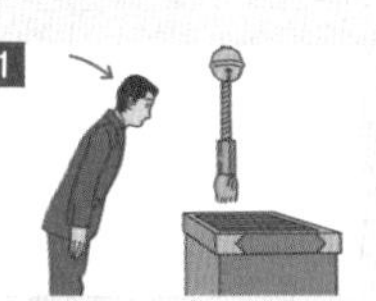

1 拝殿前で一揖（会釈）をして神前に進む。

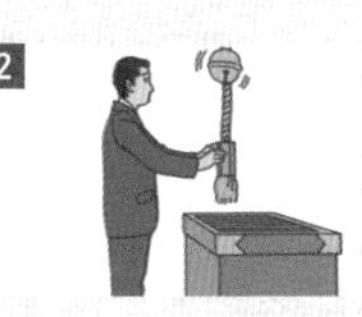

2 賽銭を入れ、鈴を静かに鳴らす。賽銭は投げない。

3 腰を90度曲げる（できる範囲でよい）拝を2度行う。

6 胸の前で手を合わせ、右手を少し下げて２度叩く。

5 腰を深く90度に曲げる拝を１度行う（一拝）。

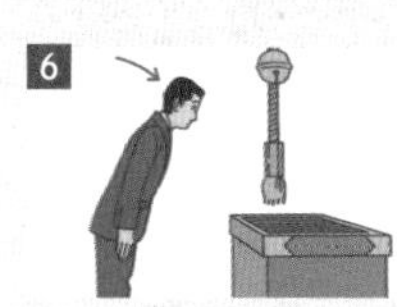

6 一二歩後ずさりし、一揖して拝殿前から下がる。

■賽銭と鈴

古くは収穫物や獲物を神に供えていたが、これをお金で代用したのが賽銭である。鈴は神を招き、喜ばすための神具。それゆえ、賽銭も鈴も丁寧に扱わなければいけない。

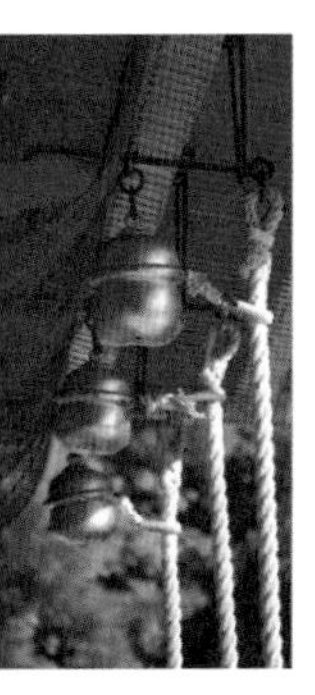

京都・八坂神社本殿の鈴。

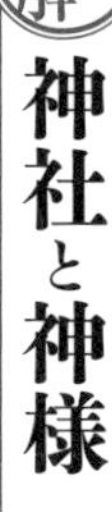

図解 神社と神様

お寺の本尊と異なり、神社の御祭神はその像がない場合がほとんどで、拝殿の前に立ってみても、その神社でどんな神様がお祀りされているのかわからない。事前に神様のことを知っておくと参拝がぐっと意義深いものになる。

「国芳国貞錦絵」（国立国会図書館所蔵）より「出雲大社 八百萬どふけあそび」

神道とは何か？

神社に祀られている神様は神道の神々だ。それゆえ、神様のことを知るには、まず神道とはなにかを知る必要がある。神道の特徴の一つは、仏教やキリスト教のように開祖・創唱者をもたないことにある。神道はある時、突然できあがったものではなく、日本人が日本という土地で生きていく上で感じてきた神秘や恐れ、感謝などから、時間をかけて成立したものである。それゆえ、同じ神道でも時代によって、また地域によって違いがある。しかし、ヤマト朝廷が古代日本を平定し統一していく過程で、信仰や作法もまた朝廷で行われていたものが基準とされるようになっていった。こうして今の神道の基礎が成立した。

6世紀に仏教が伝わると、初めて神道が日本固有の信仰であるという意識が目ざめ、仏教の強い影響を受けながらも、独自の教義や宗教美術（建築など）、芸能などが模索されてきた。

やがて日本の神様は仏の化身とする本地垂迹説が広まり、神社の境内にも塔や仏堂が建てられたりもしたが、明治の神仏分離で、神社から仏教的なものの多くは取り除かれた。

日本各地には今も村落などの鎮守神を祀る「鎮守の杜」がある。写真は宮崎県国富町の飯盛神社。

八百萬の神とは？

日本人はさまざまなものに神の存在を感じてきた。海や山、太陽や月、火や水、風や波といった自然そのものの神、犬・鹿・猪・鳥・魚・樹木・穀物など生き物に宿る神、土地や家、峠といった場所に関わる神や、特定の職業を護る神など、その対象は多様だ。

また、疫病や災いを流行らせるのも神だと考える一方、それを防ぐ神もいると信じていた。こうしたさまざまな神を総称して八百萬の神々と呼ぶ。八百萬はたくさんという意味だ。

これらの神には国や地域の長が祀るものがある一方、家庭や個人で崇拝されるものもあった。神社に祀られる神は、主に国や地域の長が祀る神や、有力氏族が祖先神と崇めた神などが多い。

◆神様の種類◆

◆記紀の神様

『古事記』『日本書紀』の神話に登場する神々をいう。天皇の祖先神（皇祖神）とそれに関わる神々で、神道でもっとも重視されている。

【主な神様】天照大神、須佐之男命、伊邪那岐命、伊邪那美命、大国主神、少名毘古那神、事代主神、邇邇芸命ほか

『神佛図會』（国立国会図書館蔵）より「天照大神」

◆土着の神様

特定の地域で信仰されてきた神様で、『風土記』にはそうした神様の神話が記された。記紀にも登場する猿田彦神は伊勢の土着神とされる。

【主な神様】八束水臣津野命（出雲の国土創成神）、水若酢命（隠岐の開拓神）、田の神、山の神、オシラ様ほか

『神佛図會』（国立国会図書館蔵）より「猿田彦尊」

◆習合神

神道と仏教が混じり合うことで生み出された神をいう。たとえば大黒天はもともと仏教の仏だが、大国主神と同一視され神社でも祀られる。

【主な神様】大黒天、宇賀神、愛宕権現、八幡大菩薩、蔵王権現、飯綱権現、新羅明神、三宝荒神ほか

『神佛図會』（国立国会図書館蔵）より「大黒天」

◆人神（人物神）

人並みはずれた能力をもった人や、強い怨みを抱いて死んだ人などを神として祀ったもの。怨みをもって死んだ人の神霊は御霊神ともいう。

【主な神様】菅原道真公（天神様）、崇徳天皇、小野篁公、徳川家康公（東照大権現）、豊臣秀吉公（豊国大明神）ほか

『神佛図會』（国立国会図書館蔵）より「豊国大明神」

日本神話

――『古事記』と『日本書紀』

『古事記』『日本書紀』は現存最古の神話集。ここに記された神々の話は神道の原点であり、さまざまな物語の源泉でもある。

河鍋暁翠筆『天の岩戸 天宇受売命の踊り・手力男命岩戸開き』（河鍋暁斎記念美術館蔵）

現存最古の歴史書

『古事記』『日本書紀』はともに8世紀初頭に編纂された日本における現存最古の歴史書で、その冒頭には神話が収録されている。それらの神話は天皇が日本を統治することの正当性を示そうと意図的に編集されている。それゆえ皇祖神（天皇の祖先神）やヤマト朝廷で重要な役割を果たした氏族の祖神に関わる話を中心に構成されている。

しかし、神々のことを述べた根本的な典籍として神道で重視され、教義や儀礼の成立・発展に大きな影響を与えてきた。

実は『古事記』と『日本書紀』では神話の内容や筋が一部で違っている。ここでは『古事記』に基づいて主要な神話を紹介しておこう。

1 天地の始まりと国生み・神生み

天地ができた時、高天原には天之御中主神をはじめとした5柱の神々が現れた。続いて7代の神々が現れ、最後の代の伊邪那岐命・伊邪那美命の男女2神は結婚して、日本の国土と神々を次々と生んでいった。

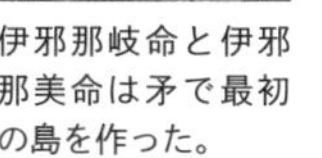

伊邪那岐命と伊邪那美命は矛で最初の島を作った。

2 黄泉の国と三貴子誕生

伊邪那美命は、神生みの最後に火の神を生み火傷をして死んでしまう。伊邪那岐命は伊邪那美命を生き返らせようと黄泉の国まで行くが失敗。穢れた体を清めるため海で禊をし、天照大神・月読命・須佐之男命の三貴子が誕生する。

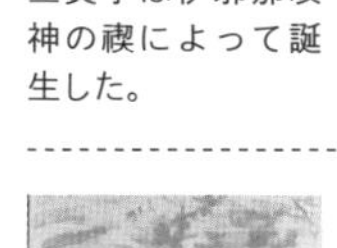

三貴子は伊邪那岐神の禊によって誕生した。

3 神生み比べと天の岩戸隠れ

地下の国へ赴くことになった須佐之男命は、別れの挨拶のため高天原へ行くが天照大神にその心を疑われ、身の潔白を示すため神の生み比べをする。須佐之男命は勝ちに乗じて悪事を行い、怒った天照大神は岩戸に隠れてしまう。

須佐之男命は機織り小屋に皮をはいだ馬を投げ込んだ。

4 須佐之男命と八岐大蛇

天照大神の天の岩戸隠れを起こした罪で天上を追放された須佐之男命は出雲に降下する。ここで八岐大蛇という怪物の生け贄にされそうになっている櫛名田比売と出会う。須佐之男命は八岐大蛇を退治し櫛名田比売を妻に迎える。

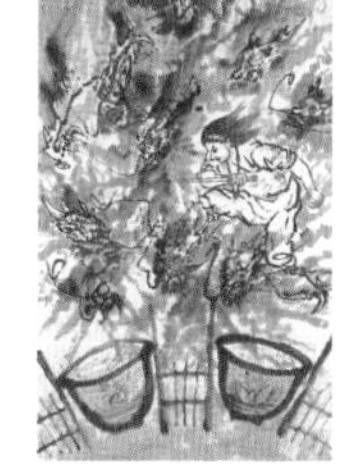

出雲に降り立った須佐之男命は八岐大蛇を退治する。

5 大国主神の試練と国譲り

八十神という兄神たちの迫害を受けていた大国主神は、須佐之男命から課された試練を乗り越えて地上の王となる力を得る。そして、少名毘古那神と国造りに努めるが、地上の統治権を天照大神の子孫に譲ることを決意する。

稲羽の海岸で大国主神は皮をはがれた白兎を救う。

6 天孫降臨と日向三代

天照大御神は孫の邇邇芸命に地上を統治することを命じる。日向に天下った邇邇芸命は、木花之佐久夜毘女を妻とし、山幸彦こと火遠理命などの子を得る。火遠理命は海神宮で豊玉毘女と結ばれ、鵜葺草葺不合命を生む。

木花之佐久夜毘女は産屋に火を放って子を産んだ。

7 神武天皇の東征

鵜葺草葺不合命の御子の神倭伊波礼毘古命は、天下を治めるのにふさわしい場所を求めて兄とともに東方へ遠征に出る。畿内では那賀須泥毘古などの抵抗に遭うが、ついには平定して大和の橿原宮で即位し初代神武天皇となる。

神倭伊波礼毘古命の弓に金鵄がとまり勝利に導いた。

8 倭建命の討伐

景行天皇の御子の倭建命は、天皇の命により九州で抵抗していた熊襲を討伐。続いて東国にも遠征し、反逆的な部族や神を平定する。その帰途、尾張に草薙剣をおいたまま伊吹山の神の退治に向かうが、病を得て逝去する。

天叢雲剣（草薙剣）で燃え盛る草を薙ぎ払う倭建命。

①〜⑥出雲井晶画（画像提供：日本文化興隆財団）／⑦『少年日本歴史読本 第四編』、⑧『同第五編』（国立国会図書館蔵）より

『伊勢参宮略図』（国立国会図書館蔵）

伊勢神宮と出雲大社 ——天津神と国津神

日本を代表する神社といえる二社、伊勢神宮と出雲大社は、いわば天津神・国津神の王を祀る神社である。

天津神と国津神の頂点に立つ天照大神と大国主命

『古事記』『日本書紀』の神話に登場する神は、天津神と国津神の2種類に分けられる。

天津神とは天の神という意味で、高天原に住む神、あるいは高天原で生まれた神を指す。これに対して国津神は地上の神という意味で、地上で生まれた神や天津神が地上に降りてくる前から地上にいた神をいう。

しかし、その区別は厳密ではなく、伊邪那岐命が河口で禊をした時に生まれた住吉三神（住吉大社の御祭神）は天津神とされる一方、天地の始めの頃から高天原に住む神産巣日神の子である少名毘古那神は国津神とされる。これら天津神・国津神の頂点に立つ神が天照大神と大国主神であり、これを祀る神社が伊勢神宮であり出雲大社なのである。

伊勢神宮は天照大神の神霊を奉じて各地を巡った垂仁天皇の皇女・倭比売命が築いた社に始まるとされる。天照大神自身がこの地に留まりたいと願ったのだという。

一方、出雲大社は、大国主神が地上の統治権を天照大神の子孫に譲った代償として建てられたと『古事記』『日本書紀』に記される。かつては高さが32丈（約96ｍ）もあったと伝わる出雲大社の御本殿は、国津神の王にふさわしい雄大さがある。

『伊勢大神宮遷御之図』（国立国会図書館蔵）。20年に1度の式年遷宮の様子。

『大日本歴史錦絵』（国立国会図書館蔵）より「出雲國大社八百万神達縁結給圖」。10月のことを神無月と呼ぶのは、日本全国の神々が出雲に集まるからだとされる。なぜ集まるかについては諸説があるが、人々の縁結びの相談をするという説が広く知られている。出雲大社が良縁祈願で有名なのは、これに由来する。

第一章

北海道・東北の神社

豊かな自然と厳しい冬。北国では、人々の信仰は生活と地続きのものであり、険しい山々もまた、人々の崇敬の的となった。北の大地には、開拓の歴史も刻まれている。

北海道神宮

北海道

北海道開拓民を守護してきた開拓三神を祀る

北海道神宮の歴史は、北海道開拓の歴史でもある。創建が決まったのは明治2年（1869）で、明治天皇の詔により東京で北海道鎮座神祭が行われた。御霊代（御神体）が札幌の仮社殿に鎮座したのは明治3年、現在地に社殿が建てられたのは明治4年のことだ。当時、札幌は泥炭湿地が広がる開拓途上の町で、社名も札幌神社であった。

御祭神は北海道の土地神である大国魂神と、日本国土を開拓した大那牟遅神（大国主神）・少彦名神で、開拓三神と呼ばれてきた。

北海道の発展に伴い境内の整備も進み、昭和39年（1964）には社名も北海道神宮と改められ、北海道開拓を命じた明治天皇の神霊も合祀された。

北海道神宮は標高225mの円山の麓に鎮座する。境内は18万㎡あり、エゾリスやキタキツネも姿を見せる。桜の名所でもあり、札幌市民の憩いの場所となっている。6月16日の札幌まつりの御神幸（鳳輦渡御）でも有名。

神 大国魂神、大那牟遅神、少彦名神、明治天皇
札幌市中央区宮ヶ丘474
011-611-0261
市営地下鉄円山公園駅より徒歩約15分、JR札幌駅よりタクシー約15分

函館八幡宮

北海道

室町時代創建とされる北海道の古社

函館八幡宮の創建は、室町時代の文安2年（1445）とされる。津軽の豪族・安東政季に従って北海道に渡った武将・河野政通が、函館に造った館の東南隅に八幡神を祀ったことに始まるとされる。ちなみに、函館という地名は政通の館が箱形だったことに由来するという。

江戸時代には蝦夷奉行所の祈願所となったが、明治11年（1878）の大火で焼失。明治13年に官費により函館山の現在地に移転した。

現在の社殿は大正4年（1915）に改築されたもので、伝統的な八幡造に聖帝造（日吉大社の本殿の形式で日吉造ともいう）を取り入れた大正式八幡造となっている。

品陀和気命（応神天皇）に加え航海の守護神たる住吉大神・金刀比羅大神を祀っており、函館の総鎮守として市民の崇敬を集めている。

函館八幡宮が鎮座する函館山（標高334m）は夜景の名所として有名で、日本三大夜景の一つに選ばれている。参拝の折には、土方歳三ら箱館戦争における旧幕府軍の戦死者の慰霊のために建てられた碧血碑にも足を伸ばしておきたい。

神 品陀和気命、住吉大神、金刀比羅大神
函館市谷地頭町2-5
0138-22-3636
函館市電谷地頭停留場より徒歩約5分、JR函館駅よりタクシー約7分

岩木山神社（いわきやまじんじゃ）

青森県

岩木山神社の奥宮が鎮座する岩木山を津軽人は「お山」「お岩木さま」と呼ぶ。かつてはお山に登るまでは一人前と認められなかった。

津軽人の心の拠り所 岩木山に鎮座する

標高1625mの岩木山は津軽富士の別称もあるが、津軽の人はかならず敬称をつけて「お岩木さま」などと呼ぶ。岩木山に見守られ、その恵みを受けて暮らしていると考えているからだ。宝亀11年（780）にその山頂に社殿が築かれたことが岩木山神社の始まりとされる。

その後、蝦夷平定のためこの地まで遠征してきた坂上田村麻呂が、遠征の成功を感謝して社殿を修築したという。この時、田村麻呂は父親で蝦夷遠征の先人でもある坂上刈田麿を、もともとの御祭神の顕國魂神・多都比姫神・宇賀能売神・大山祇神に加えた。

戦国から江戸時代にかけては、この地を治めた津軽氏の崇敬を受けた。拝殿は初代津軽藩主為信が、本殿は4代藩主信政が建てたものだ。

津軽人の岩木山・岩木山神社への篤い気持ちを示すものに、お山参詣がある。これは岩木山神社の例祭が執行される旧暦8月1日を中心に行われるもので、津軽各地から集まった人びとが太鼓・笛・鉦で登山囃子を奏でながら岩木山神社を参詣し、岩木山に登るというものだ。

岩木山神社は豪華な社殿建築も見所だ。本殿・拝殿・奥門・中門・楼門・瑞垣が重文に指定されている。日光東照宮を参考にしたともいわれるが、きらきらした感じはなく重厚な社殿となっている。とくに楼門と拝殿は紅殻の朱色が印象的だ。

神 岩木山大神（顕國魂神、多都比姫神、宇賀能売神、大山祇神、坂上刈田麿命）
弘前市大字百沢字寺沢27
0172-83-2135
JR弘前駅よりバス約40分「岩木山神社前」下車すぐ

太平山三吉神社

秋田県

秋田県中央の霊山に鎮まる勝利成功の神

当社の祭神は独特だ。3柱の主祭神のうち大己貴大神と少彦名大神は『古事記』『日本書紀』などにも語られる国土開発の神であるが、もう1柱の三吉霊神は秋田生まれの藤原鶴寿丸三吉という名の領主であったと伝わる。太平城主で名君と慕われたが、戦乱を嫌って太平山に籠もり、修行の末に神となったとされる。今も勝負の神として信仰を集めている。

神 大己貴大神、少彦名大神、三吉霊神／秋田県秋田市広面字赤沼3-2／018-834-3443／JR秋田駅よりタクシー約6分（里宮）

古四王神社

秋田県

北方の最前線を守る最強武神の古社

社伝によれば、崇神天皇から北方遠征を命じられた大彦命は、当地に齶田浦神を祀って北門の鎮護を祈ったという。齶田浦神は天照大神の神勅を受けて地上を平定した最強の武神、武甕槌命の別名。その後、将軍・阿倍比羅夫が蝦夷追討でこの地を訪れ、祖神の大彦命を合祀した。朝廷にとって当地は北の最前線、最強の守りが必要だったのだろう。

神 武甕槌命、大彦命／秋田市寺内児桜1-5-55／018-845-0333／JR秋田駅よりバス約15分「寺内地域センター前」下車すぐ

駒形神社

岩手県

駒ヶ岳に鎮座した陸中国一宮

駒形神社は日本武尊が東征の折に創建したとの説もあるが、上野国（群馬県）の赤城山を崇敬していた毛野氏がこの地まで勢力を伸ばした際に祀ったものと考えられる。その時期は雄略天皇元年（456）ともいう。駒形とは赤城山に似た山を指すとともに、外来文化の象徴でもあった。その後、坂上田村麻呂・源義家・奥州藤原氏などの崇敬を受けた。

神 天照大御神、天常立尊、國狭槌尊、吾勝尊、置瀬尊、彦火火出見尊／奥州市水沢中上野町1-83（水沢公園内）／0197-23-2851／JR水沢駅より徒歩約10分

盛岡八幡宮

岩手県

県下第一の大社 盛岡の総鎮守

盛岡における八幡信仰は、源頼義・義家親子が前九年の役で出征した折に不来方に八幡社を勧請（※）して勝利を祈願したことに始まる。盛岡を治めた南部氏もこの信仰を受け継ぎ、南部藩29代藩主重信が延宝8年（1680）に現在地に社殿を築いた。明治以降は大火や風雪の被害も受けたが、その都度再建され「盛岡の顔」として親しまれている。

神 品陀和気命／盛岡市八幡町13-1／019-652-5211／JR盛岡駅よりバス約15分「八幡宮前」下車すぐ

※勧請…神や仏の霊や像を新たに迎えて奉安すること。

志波彦神社・鹽竈神社
（しわひこじんじゃ・しおがまじんじゃ）

宮城県

陸奥国一宮と延喜式内社が一つの境内に鎮座

志波彦神社は『延喜式（※）』に名神大社として記載されている古社、鹽竈神社は陸奥国（東北の東部一帯）の政治・文化・軍事の中心地として一番の地位が認められた一宮とされる。志波彦神社は多賀城への交通の要路である宮城郡岩切村（仙台市岩切）に鎮座して朝廷の崇敬を受けていたが中世に衰微し、明治7年（1874）に鹽竈神社の別宮本殿に遷祀された。

鹽竈神社も平安初期に朝廷から破格の祭祀料を授かった記録が残っており、特別な崇拝を受けていたことがわかる。奥州藤原氏など武家からも崇敬を受け、とくに伊達氏は歴代藩主が大神主を務めるほどであった。

現在の社殿は4代藩主綱村が造営したもので宝永元年（1704）の竣工。別宮本殿・拝殿、左右宮本殿・拝殿などが重文に指定されている。

※延喜式…平安時代の法令集。この『延喜式』の神名帳に記載されている神社を式内社という。

202段の石段が続く鹽竈神社の表参道（表坂）。手前の石鳥居は寛文3年（1663）のもの。

- 神 志波彦大神、鹽土老翁神、武甕槌神、経津主神
- 塩竈市一森山1-1
- 022-367-1611
- JR本塩釜駅より徒歩約15分

出羽三山神社
（てわさんざんじんじゃ）

山形県

出羽三山神社は月山神社・出羽神社・湯殿山神社の総称。この3社の御祭神を合祭する三神合祭殿は文政元年（1818）に再建されたもの。間口が25m、奥行きが20m、高さが28mあり、日本最大級の茅葺建築物である（重文）。

- 神 月讀命（月山神社）、伊氐波神、稲倉魂命（出羽神社）、大山祇命、大己貴命、少彦名命（湯殿山神社）
- 鶴岡市羽黒町手向字手向7（出羽三山神社社務所）
- 0235-62-2355
- JR鶴岡駅前よりバス約53分「羽黒山頂」下車、徒歩約5分（出羽神社）

吉野・熊野に並ぶ修験道の霊地に鎮座

出羽三山とは月山・羽黒山・湯殿山のことをいう。羽黒山・湯殿山は独立峰ではないが、いずれも東北有数の霊山とされ、吉野や熊野に並ぶ修験道の根本道場とされてきた。中世以降は寺院も多く建てられたが、明治の神仏分離により一部を除いて神社に転じた。

三山それぞれに神社（月山神社・出羽神社・湯殿山神社）が鎮座するが、月山・湯殿山は、冬期は登拝できないため、羽黒山に三山の神を祀る三神合祭殿が建てられている。

月山は、月を思わせるなだらかな山容で、山頂の月山神社には月読命が祀られている。

姥神大神宮（うばがみだいじんぐう）

北海道

ニシンを呼び寄せた不思議な姥の伝説

江差はニシン漁で栄えた街だが、その始まりには不思議な伝説がある。それによると、江差がまだ貧しい寒村だった頃、一人の姥（老婆）がどこからともなくやって来た。姥は災害を予言したため村人の崇敬を集め、折居様と呼ばれた。ある日、この姥は七色の光を放つ老人から小瓶を渡され、この水を海に撒いて村人の生活を助けるようにと言われた。姥がその通り行ってみると、ニシンの大群が押し寄せるようになったという。間もなく姥は姿を消し、その庵に残された5柱の神像を祀ったのが姥神大神宮の始まりと言われる。一説には文安4年（1447）のこととされ、北海道最古の神社とも呼ばれる。

13台の山車が渡御する例祭（8月9日～11日）でも有名である。

山車が渡御する例祭は豊作・豊漁・無病息災を祈る祭。もっとも古い山車は愛宕町の神功山で、神功皇后の人形は宝暦4年（1754）に作られたものだ。山車のうしろには女性の丸帯が錦の御旗と称して下げられる。

神 天照大御神、住吉三柱大神、春日大神
檜山郡江差町姥神町99
0139-52-1900
JR函館駅よりバス約90分「姥神町」下車、徒歩約3分

上川神社（かみかわじんじゃ）

北海道

上川地方の開拓を守護した旭川の鎮守

北海道の中央に大きな盆地がある。上川盆地という。冬は厳しい寒さに襲われるが、夏は気温が上がるため農作物の生産が盛んだ。交通の要衝でもあり、旭川を中心に鉄道が四方に走っている。こうしたことから北の都（北京）や皇室の離宮を造ることも検討された。そんな上川地方の開拓の守護神として明治26年（1893）に創建されたのが当社である。

当初は天照皇大御神1柱のみ祀っていたが、明治37年に大己貴大神・少彦名大神を合祀。その後、北海道開拓や上川の発展の功労者も御祭神に加えられた。

大正13年（1924）には皇室の離宮が計画された神楽岡に遷座し、旭川の鎮守にふさわしい壮麗な社殿が建てられた。拝殿内には狛犬ならぬ狛熊が御祭神を守護している。

上川神社本宮の神明造の社殿は、大正9年（1920）から13年までにかけて建てられた。伝統に基づいて建てられているが、その直線的なフォルムはモダンな印象を与える。拝殿の狛熊はイチイの木を彫っためずらしいものだ。

神 天照皇大御神、大己貴大神、少彦名大神ほか
旭川市神楽岡公園
0166-65-3151
JR旭川駅前よりバス約8分「上川神社」下車、徒歩約5分

たかやまいなりじんじゃ

高山稲荷神社

青森県

千本鳥居は拝殿から下ったところにある龍神宮から東の丘まで続いている。全景を見晴らせるのも特徴で、この風景を撮るために訪れる人も多い。

千本鳥居が美しい 東北の稲荷信仰の聖地

高山稲荷神社の創建には諸説があり、鎌倉から室町にかけてこのあたりを統治していた豪族・安藤氏の創建と伝えられるが、また一方では赤穂藩主の浅野内匠頭家臣・寺坂三五郎による創建説もある。それによると、三五郎は刃傷沙汰で浅野家が改易となった際、城内で祀られていた稲荷神を捧持して津軽に移住したのだという。三五郎は津軽の篤信者で、京まで旅して伏見稲荷大社の分霊を勧請したともいわれる。

当社は、特に津軽の漁師たちの篤い信仰を受けてきた。また、農業や商売にも御利益が大きいといわれ、遠方からの参詣者も多い。近年は千本鳥居の幻想的な光景に惹かれて参拝する人も多く、海外から訪れる人も年々増えている。

神 宇迦之御魂命、佐田彦命、大宮売命
つがる市牛潟町鷲野沢147-1
0173-56-2015
JR五所川原駅よりバス約40分「高山神社入口」下車、タクシー約5分

とわだじんじゃ

十和田神社

青森県

十和田神社本殿の裏側に当たる湖面は占い場と呼ばれている。南祖坊入水の場ともされ、ここに十和田神社で授与される「おより紙」を落とすと願いがかなうかを占えるという。すっと沈めば願いが成就するそうだ。

2頭の龍の戦いを伝える 十和田湖の守り神

昔、紀州の熊野には南祖坊（南蔵坊・南尊坊とも）という修行僧がいた。ある時、南祖坊は熊野の神から金（鉄）のわらじと錫杖を授かり、金のわらじの鼻緒が切れたところに住むべしというお告げを受けたという。

南祖坊は授かった金のわらじを履いて各地をめぐり、十和田湖畔まで来たところでわらじの鼻緒が切れた。しかし、十和田湖には頭が8つの八頭龍、八郎太郎が住んでいたため、法力で九頭龍に変身し、七日七晩戦った末、八郎太郎は負けて逃げたという。この南祖坊を青龍権現として祀ったのが十和田神社の始まりとされる。

または、坂上田村麻呂が蝦夷遠征の途上でこの地を訪れ、祠を建てて神を祀ったのが始まりともいう。

神 日本武尊
十和田市大字奥瀬字十和田湖畔休屋
0176-75-2508
JR八戸駅よりバス約130分「休屋」下車、徒歩約10分

真山神社

秋田県

薬師堂。神仏習合の名残で堂内には南北朝時代の薬師如来像（県指定有形文化財）が安置されている。

写真提供：男鹿なび

拝殿。仁王門から続く石段の参道を登ったところにある。お山かけはこの拝殿にお参りしてから始まる。さらに奥に登っていくと奥宮の五社殿（県指定有形文化財）がある。

男鹿半島を見晴るかす「なまはげ」の故郷の霊山

「怠け者はいねが〜泣ぐ子はいねが〜」と雄叫びを上げながら大晦日の夜に里を訪れるなまはげは、恐ろしげな顔をしているが鬼ではない。災禍を祓い豊作、豊漁、吉事をもたらすために霊山から降りてくる「来訪神」である。毎年1月3日と2月の第2金・土・日曜日の夜に真山神社の境内で行われる「柴灯祭」に登場するなまはげは、神鬼という神の使いの化身だとされる。ちなみに、おみくじやお守りなど、なまはげにちなんだ授与品も人気である。

真山神社の創建は古く、社伝によると、景行天皇から仁徳天皇までの5天皇に仕えた大臣・武内宿禰が男鹿半島を視察した際、国家安泰・武運長久・使命達成を祈願して瓊瓊杵尊と武甕槌命を祀ったのが始まりとされるが、実際には標高567mの真山への信仰が起源と考えられ、今も本殿は真山山頂に鎮座している。現在の本殿は平成19年（2007）に改築された重層建築で、展望台にもなっている。麓の境内から登山道が続いており、1時間半ほどで登ることができる。また、真山から標高715mの本山へ登ることもできる。修験者が修行をした道で、こうした信仰登山は「お山かけ」ともいう。山中には数千種の植物があり、自然の博物館とも呼ばれている。

- 神 瓊瓊杵命、武甕槌命ほか
- 男鹿市北浦真山水喰沢97
- 0185-33-3033
- JR男鹿駅よりタクシー約20分

参道から鳥居越しに拝殿を望む。拝殿は明治神宮の拝殿を模しているという。拝殿の脇から本殿裏の稲荷山に登ることができる。稲荷山には御神木の大杉があり、古来より長寿を願って杉の根元から神使の白狐の毛を探す風習がある。

志和稲荷神社
しわいなりじんじゃ

岩手県

武家に崇拝された老杉の森の稲荷神社

宇迦之御魂大神を主祭神とし、猿田彦大神と大宮能売大神を配祀する。

社伝によると、天喜5年（1057）、安倍氏征討にあたった源頼義が伏見稲荷大社の分霊を勧請し、戦勝を祈願したのが起源と伝わる。また奥州藤原氏の末裔・樋爪俊衡が再興し、中世には守護大名の斯波氏、近世には南部藩主の崇敬を受けて繁栄してきた。

かつては社頭が農民の水喧嘩（水利権争い）の舞台となり、石合戦の末に神使の狐の耳が壊れるということもあったが、これも志和稲荷神社が滝名川の水源を守る神と信じられたからであろう。

春と秋には3日ずつ御縁日があり、全国から崇敬者が集まる。また、5月5日の端午の節句には例大祭が行われる。

神 宇迦之御魂大神、猿田彦大神、大宮能売大神
紫波郡紫波町升沢字前平17-1
019-673-7608
JR紫波中央駅よりタクシー約15分

吹浦口の社殿。宝永8年（1711）の再建。

鳥海山大物忌神社
ちょうかいさんおおものいみじんじゃ

山形県

鳥海山に坐す神を祀る出羽国一宮

標高2236mの鳥海山は東北を代表する名峰だ。その存在は早くから朝廷にも知られており、この山に坐す大物忌神には噴火の度に繰り返し神階が授けられた。10世紀には東北の神としては破格の正二位に列せられ、こうしたことから出羽国の一宮にも選ばれている。

鳥海山山頂に御本社があり、登山口の吹浦口と蕨岡口に里宮がある。

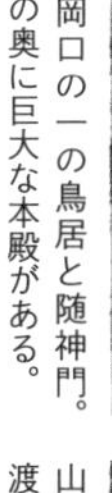

蕨岡口の一の鳥居と随神門。門の奥に巨大な本殿がある。

山頂御本社。鳥海山からは佐渡島や能登半島も望める。

神 倉稲魂命、豊受姫神
飽海郡遊佐町吹浦字布倉1（吹浦口の宮）
飽海郡遊佐町上蕨岡字松ヶ岡51（蕨岡口の宮）
0234-77-2301
JR吹浦駅より徒歩約7分（吹浦口の宮）
JR遊佐駅よりタクシー約10分（蕨岡口の宮）

金華山黄金山神社

きんかさんこがねやまじんじゃ

宮城県

金華山は雄鹿半島沖に浮かぶ島。島全体が黄金山神社の境内となっている。写真中央の建物は楼門形式の随神門。大正14年（1925）に総欅造で建てられた。

神 金山毘古神、金山毘賣神
石巻市鮎川浜金華山5
0225-45-2301
鮎川港・女川港より定期船約20～30分「金華山桟橋」下船、神社所有車約3分

黄金の産出が起源 東奥三大霊場の1社

天平15年（743）に聖武天皇が発した「大仏建立の詔」から東大寺大仏（盧舎那仏）の建造は始まった。大仏本体の鋳造は順調に進んだものの、大仏を金色に輝かせるための黄金が不足し、完成が危ぶまれる事態に。開眼供養は延期せざるをえないかとささやかれだした天平21年（749）、陸奥国から黄金が産出されたとの報が都に届いたのである。

喜んだ聖武天皇は元号を天平勝宝に改元。陸奥でもこの慶事を祝して神事を行うべきだという気運が高まり、東奥の三大霊場の一つとされる金華山に金鉱の神である金山毘古神・金山毘女神を祀る神社を建立する計画が立てられた。

ちなみに、東奥の三大霊場とは出羽三山・恐山・金華山のことで、他の2カ所と同様に金華

写真提供：宮城県観光プロモーション推進室

拝殿と常夜燈。常夜燈は高さ4.8mあり、日本三大燈籠の一つに数えられる。

金華山

金華山は周囲約25㎞の小島。全域がほぼ山地になっており、頂上（標高445m）には黄金山神社奥殿（奥ノ院）の大海祇神社が鎮座している。絶景･奇勝も多く、天柱石（写真右下）は白石英の巨岩で高さ15mある。また、島内には神使の鹿も数多く生息している。

写真提供：宮城県観光プロモーション推進室

山も、かつては修験者の修行場となっていた。また、金華山は女神・辯財天の霊地としても知られ、江ノ島・嚴島・竹生島・天河とともに五大辯財天に数えられる。近世まで女人禁制であったが、明治以降解除された。

神域であり国立公園金華山を歩く

その起源から「3年続けて参拝すれば、一生お金に困らない」といわれる金華山黄金山神社であるが、金華山へは船を使わなければ渡ることができない。そうした環境に加えて島全体が神域であったことから、手つかずのまま残された自然が多く、金華山は三陸復興国立公園の一部に指定されている。鹿もそうした自然の一員であるが、神社では神のお使いとして大切にされている。島内には500頭ほどいるとされ、毎年10月初めには角切り行事が行われる。

都々古別神社（八槻・馬場）

つつこわけじんじゃ（やつき・ばば）

福島県

八槻都々古別神社は随身門・拝殿・本殿・瑞垣などが朱塗りにされている。

神が射た矢が落ちた場所に鎮座する古社

めずらしい社号であるが10世紀に編纂された『延喜式』にもその名があり、平安時代以前にさかのぼる由緒をもつ古社だということがわかる。中世には奥州一宮にも選ばれており、地域の信仰の中心となっていた。

八槻に鎮まる都々古別神社は、日本武尊が八溝山で賊徒を討った時、戦いを守護した神が射った矢が落ちた場所に鎮座していると伝えられる。

拝殿・本殿

八槻都々古別神社

- 神　味耜高彦根命、日本武尊
- 東白川郡棚倉町大字八槻字大宮224
- 0247-33-3505
- JR近津駅より徒歩約10分

都々古別三社の上の宮とされる

福島県南部には都々古別とつく神社が数社あるが、八槻と馬場の都々古別神社と茨城県大子町の近津神社の3社は都々古別三社（近津三社）という。馬場都々古別神社はこの三社の中では上の宮と呼ばれる。

日本武尊が建鉾山に味耜高彦根命を祀ったことに始まり、坂上田村麻呂が町中央部に奉遷した。棚倉城築城に際し現在地に遷座した。

馬場都々古別神社。文禄3年（1594）に建てられた本殿は国の重文に指定されている。

参道と拝殿

馬場都々古別神社

- 神　味耜高彦根命、日本武尊
- 東白川郡棚倉町大字棚倉字馬場39
- 0247-33-7219
- JR磐城棚倉駅より徒歩約15分

写真提供：棚倉町観光協会

隠津島神社

福島県

境内の三重塔。県の重要文化財。中世の隠津島神社は社殿のほかに数多くの堂塔もあった。三重塔は天正13年（1585）の兵火の焼失を免れ、現在は菅原道真公を祀る。

門神社と木幡の大杉。門神社は悪しきものが家に入らぬよう守護してくれる神社。右に見える大木は木幡の大杉といい、樹齢800年、高さは20mある。国指定天然記念物。

拝殿に続く石段。近世まで隠津島神社は弁財天を祀ることで知られていた。近年は縁結びの祈願で訪れる人も多い。

- 神 隠津島姫命、田心姫命、湍津姫命
- 二本松市木幡字治家49
- 0243-46-2869
- JR二本松駅よりタクシー約35分

雪で源頼義を護った山に鎮まる海の三女神

隠津島神社の創建は神護景雲3年（769）という。この年、九州の宗像大社から海の女神である隠津島姫命・田心姫命・湍津姫命の3柱が勧請されたのである。標高666mの木幡山に鎮座する隠津島神社に海の女神が祀られたのは不思議だが、宗像三女神が弁才天（弁財天）と同一視されることが多いことと関係しているのかもしれない。

隠津島神社は前九年の役で源頼義を護ったことでも知られる。天喜3年（1055）、頼義・義家親子は奥州征伐に向かい、安倍頼時と戦ったが、敗れて木幡山に隠れた。この時、隠津島神社の神が降らした雪でまっ白になった山を見て、頼時は源氏の白旗で埋め尽くされていると思い込み、戦わずに逃げたという。この故事に基づいて行われるのが木幡の幡祭りだ。

太田神社（おおたじんじゃ）

北海道

本殿は太田山8合目の岩窟に鎮座している。人が数人入れるほどの空間しかないが見晴らしはよく、晴れていれば奥尻島（おくしりとう）も見える。かつては窟内に円空仏（えんくうぶつ）が安置されていた。

円空（えんくう）も菅江真澄（すがえますみ）も訪れた北海道随一の秘境神社

江戸後期の国学者で大旅行家の菅江真澄は、その旅行記に「太田というとても面白い山があるのだが、旅人がみだりに見歩けるような所ではないので、どうしようかためらっている」と書き残している。日本各地の秘境を踏破してきた菅江でさえためらったのには理由がある。当時は舟を使わなければ神社に行けなかったことに加え、ほぼ絶壁に近い参道を登らねばならないからだ。旅行記にも鎖をたよりに登ったことが記されている。

今は石段が整備されたとはいえ、最後は絶壁の鎖場（くさりば）を登らなければならない。しかもヒグマも出るという。まさに命懸けの参拝だ。しかし、そうまでして人を登らせる聖地性がここにはある。享徳（きょうとく）3年（１４５４）に松前藩藩祖の武田信広（のぶひろ）が訪れたというが、古くからアイヌなどの信仰の場であったに違いない。

本殿がある岩窟へはこの鎖場を登らないと行けない。滑り落ちると崖下まで滑落する危険性があり、細心の注意が必要。なお、山麓には拝殿がある。

神 猿田彦大神
久遠郡せたな町大成区太田17
0137-84-5111（せたな町役場）
道央道八雲ICより車約90分。または函館バス「太田」下車、徒歩約15分（太田神社拝殿）

山王坊日吉神社（さんのうぼうひえじんじゃ）

青森県

津軽安藤氏繁栄の歴史を秘めた谷間の古社

山王とは天台宗の守護神を表している。日本では天台宗の総本山が比叡山におかれたので、比叡山の神を祀る日吉大社のことを指すようになった。当社も日吉大社の分社である。

近年の発掘で、山王坊日吉神社周辺から神社・仏堂・奥院（廟）などの跡と推定される遺跡群が発見された。これらは十三湊を本拠地として栄えた安藤（安東）氏によって造られたものである。復元図を見ると堂々たる殿舎が並んでおり、小さな谷間に神仏習合を示す礎石建物が配置されていたことが分かる。

しかし、永享4年（1432）に豪族・南部氏に焼き討ちされ、北海道に逃れた安藤氏は再び十三湊に戻って再建を果たすが、嘉吉2年（1442）に南部氏に追いやられ、十三湊を後にした。鬱蒼としたスギの森は、そうした歴史を秘め粛然と鎮まっている。

山王坊日吉神社は十三湖北岸の山間部に鎮座する。参道に立つ上部に三角形の装飾板を載せた鳥居は、山王鳥居といい日吉大社とその分社特有のものだが、山王坊日吉神社の鳥居は装飾板の上にさらに笠木が載る特殊な形である。

神 大山咋命
五所川原市相内岩井
0173-35-2111（五所川原市教育委員会社会教育課文化係）
津軽鉄道津軽中里駅よりバス約40分「相内」下車、徒歩約15分

外川神社（とがわじんじゃ）（仙人堂）（せんにんどう）

山形県

舟でしか行けない最上川舟運の守り神

最上川右岸に鎮座する仙人堂こと外川神社は、舟でしか行くことができない。松尾芭蕉も参拝したらしく『おくのほそ道』で触れているが、その起源は明確ではない。伝説によると、源義経の家来・常陸坊海尊が傷の療養のためこの地に留まり、修行を積んで仙人のようになったという。仙人堂は海尊を祀っているとも海尊が創建したともいわれる。

写真提供：トラベルjpナビゲーター かのえかな

神 日本武尊ほか／最上郡戸沢村大字古口字山内3263／0234-57-2148（最上川舟下り義経ロマン観光事務所）／JR高屋駅より徒歩約2分で渡船場、渡し船約5分

鐘鋳神社（かねいじんじゃ）

福島県

名石工・小林和平の狛犬が守る古社

小林和平は明治末から昭和30年代にかけて活動した名石工で、とくに狛犬でその力量を発揮した。当社はその和平の妻ゆかりの神社ということもあって、とくに素晴らしい像がある。

また鐘鋳神社には御神体の枡を4地区で順番に祀る「お枡明神の枡送り行事」という独特の風習が伝わる。境内に建てられている高床式の簡素な社殿は、この枡を祀るための仮屋である。

写真提供：NPO法人白河ふるさと回帰支援センター

神 金山彦命／福島県東白川郡棚倉町一色カナイ神181-183／0247-33-7886（棚倉町観光協会）／JR磐城浅川駅より徒歩約20分

※境内入り口がわかりにくいため地図をご確認ください

Column ①

一宮と総社

古くから国を代表する神社は「一宮」や「総社」と称されてきた。しかし、その成り立ちや意味は異なる。

上野国一宮の一之宮貫前神社(群馬県富岡市)。安閑天皇元年(531)に経津主神を御祭神として創建されたという。写真は総門から楼門を見たところで、珍しい下り参道になっている。

写真提供：ググっとぐんま写真館

国ごとの格式制度と国中の神を祀る神社

「一宮制度」とは古代の行政単位である「国」ごとに神社の格式を定めたものだが、全国的な制度であるにもかかわらず詔などの制定に至る記録が残されておらず、その実情については不明な点が多い。そのためか国によって実施の程度が異なり、九宮まである国がある一方、一宮しかなく制度としてはほとんど機能していない国もあった。

なぜ制定されたのかについても明確なことはわからないが、平安時代以降、律令制度が揺らいで、朝廷が一元的に全国の神社を管理できなくなったことと関係しているらしい。すなわち、国ごとに神社を管理させるようになり、その実務上の必要からランクづけがなされた。

これに対して総社は、その国の神社で祀られている神を1社に勧請して祀る。国司が国内の神を祀るための神社としての性格が強く、国衙（諸国の政庁）の近くに建てられることが多かった。律令制下において、国司の一番重要な役割は、その国の神を祀ることであった。たとえば、国司が着任して最初に行うことが国内の神社の巡拝であった。この巡拝の順序が一宮制の順位の基となったと思われるが、格式づけには国内の有力氏族の意向も強く働いていたらしい。なお、一宮制度には国ばかりでなく、荘・郷・村のレベルのものもあった。

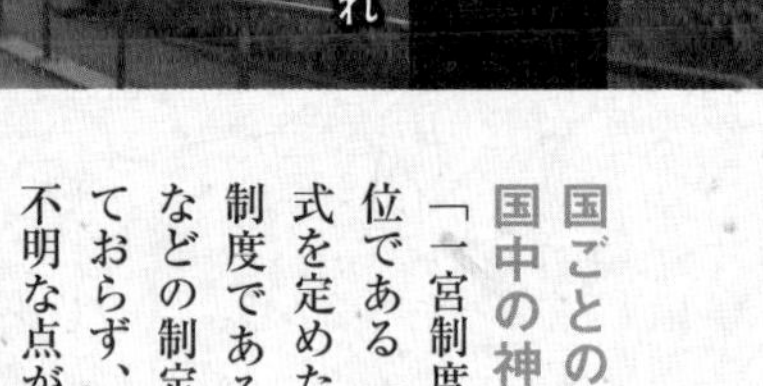

備中国総社宮（岡山県総社市）。備中国内324社の神々を祀っている。

第二章

関東の神社

古代には東の守りの最前線となり、
近世には、徳川家康により国の中枢とされた関東。
この地にも、多くの神々や英雄たちが足跡を残し、
人々によって祀られてきた。

関東を代表する神社

一足伸ばしてお参りしたい名社

秘境神社巡拝

日光東照宮

栃木県

神となった家康公が関八州を見守る宮

戦国の世に終止符を打ち江戸幕府を開いた徳川家康公は、元和2年（1616）に駿府城で75年の生涯を閉じた。

遺言に従って遺体は久能山に埋葬されたが、翌年に日光に移された。これも家康公が考えたことであった。日光の地から江戸を中心とした関八州を、ひいては天下を見守るつもりであったからだ。

こうした家康公の遺志は、東照大権現という神号にも表れている。すなわち、東より天下を照らす神といった意味だ。この神号は天照大神を意識したものと思われ、幕府にとって日光東照宮は、朝廷における伊勢神宮に匹敵するものであったことがわかる。

東照宮の社殿は3代将軍家光公によって全面的に造替され、絢爛豪華な現在の姿になった。

日光東照宮の境内。奥に見える国宝の陽明門は、寛永13年（1636）に大規模な造替が行われ現在の姿になった。ほかにも本殿・拝殿・唐門など5件8棟が国宝に指定され、平成11年（1999）には「日光の社寺」の一つとして世界遺産に登録された。

※陽明門は、2021年12月から2022年3月下旬まで、修復工事のため鑑賞できません。

神 徳川家康公
日光市山内2301
0288-54-0560
東武鉄道東武日光駅・JR日光駅よりバス約5分「神橋」下車、徒歩約8分

二荒山神社

栃木県

霊峰・男体山を仰ぐ日光の氏神様

日光というと東照宮を思い浮かべてしまうが、霊峰・男体山（二荒山）への信仰は奈良時代以前にさかのぼる。二荒山神社は男体山を御神体山と仰ぐ神社で、東照宮に隣接する本社、中禅寺湖畔の中宮祠、男体山山頂の奥宮からなる。日光の地主神として信仰され中世には下野国一宮として、また、東照宮創建以来、徳川幕府からも厚い崇敬を受けた。なお、日光という地名は、「二荒」を「にこう」と読んだことに由来するという。

本社本殿。本社は東照宮の西隣に鎮座している。この本殿の建物は元和5年（1619）に2代将軍秀忠が寄進したもの。安土桃山時代の建築様式が用いられており、正面に千鳥破風と唐破風がついた八棟造の屋根が特徴。重文。

神 二荒山大神（大己貴命、田心姫命、味耜高彦根命）
日光市山内2307
0288-54-0535
東武鉄道東武日光駅・JR日光駅よりバス約7分「西参道」下車、徒歩約7分

男体山の南麓、中禅寺湖の北岸に鎮座する中宮祠。境内の奥に男体山への登拝門がある。

大己貴命・少彦名命が降臨された神磯に立つ鳥居。冬至の頃に鳥居近くから朝日が昇る風景は圧巻。

大洗磯前神社（おおあらいいそさきじんじゃ）　茨城県

再生の神が降りった神磯に立つ鳥居

9世紀に編纂された「文徳実録」によると斉衡3年（856）に大己貴命と少彦名命が「今民を済わんが為、また帰り来たれり」と仰せになり降臨されたと伝わる古社。水戸黄門が建築を命じた今の本殿他は県の文化財。その本殿は日が短い冬至の日の出の方向を向いており、太陽の再生を祈願するためと言われている。

神 大己貴命、少彦名命／東茨城郡大洗町磯浜町6890／029-267-2637／鹿島臨海鉄道大洗駅よりバス約15分「大洗磯前神社下」下車すぐ

酒列磯前神社（さかつらいそさきじんじゃ）　茨城県

樹叢に包まれた参道と光圀公が再興した社殿

『文徳実録』によれば当社は斉衡3年（856）に大洗磯前神社と共に創建されたという。創建時より朝廷から重視され、『延喜式』においては大洗磯前神社と共に名神大社に列せられている。しかし、永禄年間（1558～70）の兵火で社殿を焼失してしまった。これを再興したのが水戸黄門こと徳川光圀公であった。

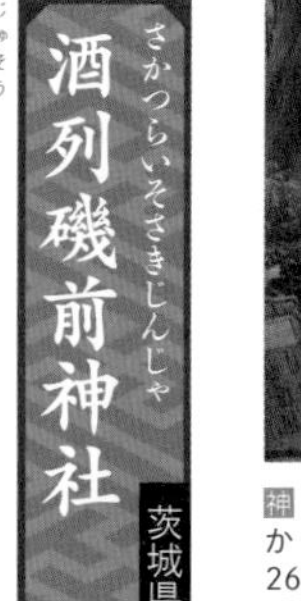

神 少彦名命、大名持命／ひたちなか市磯崎町4607-2／029-265-8220／ひたちなか海浜鉄道磯崎駅より徒歩約10分

鹿島神宮（かしまじんぐう）　茨城県

国譲り神話の武神を祀る常陸国の一宮

鹿島神宮の御祭神・武甕槌大神は、天照大神の命により地上を平定し、統治権を天照大神の子孫に譲ること（国譲り）を大国主神に認めさせた最強の武神だ。それゆえ古くから武道家の崇敬を受けてきた。

社伝によると、創建は神武天皇即位の年にさかのぼる。神武天皇は東征の折に武甕槌大神に助けられたことを感謝し、この地に祀ったという。

神 武甕槌大神／鹿嶋市宮中2306-1／0299-82-1209／JR鹿島神宮駅より徒歩約10分

香取神宮（かとりじんぐう）　千葉県

霊剣の神を祀る下総国の一宮

香取の亀甲山に鎮座する経津主大神は、『日本書紀』において国譲りを成遂げた神として記されている。「経津主」の名は剣が物を斬る時の「ふつ」という音に由来しており、まさに武神中の武神といえる。国の重文指定である黒漆塗の本殿と、朱塗りの楼門がお互いを引立たせ、更に古杉の森と相まった空間から御祭神の荘厳さと歴史の深さを感じとれる。

神 経津主大神（伊波比主命）／香取市香取1697-1／0478-57-3211／JR佐原駅よりバス約15分「香取神宮」下車すぐ

明治神宮

東京都

外拝殿。明治神宮の社殿は伊藤忠太の設計により大正9年（1920）に完成したが、昭和20年（1945）の空襲でほぼ全焼してしまった。現在の建物は角南隆の設計により昭和33年（1958）に再建されたもの。総檜素木造で造られている。令和2年に国の重要文化財に指定。

神 明治天皇、昭憲皇太后
渋谷区代々木神園町1-1
03-3379-5511
JR原宿駅より徒歩約1分、または東京メトロ明治神宮前〈原宿〉駅より徒歩約1分

国会決議で創建を決定 明治天皇を祀る神社

明治神宮は明治天皇と皇后の昭憲皇太后を祀っている。

明治45年（1912）に明治天皇が崩御されると、都を東京に移し日本の近代化を成し遂げた天皇の遺徳を追慕・顕彰する気運が高まり、神社創建が計画された。これを受けて国会でも決議がなされ、国を挙げての神社創建が決まった。

社地には天皇ゆかりの南豊島御料地が選ばれ、大正4年（1915）から造営が始まり、同9年に鎮座大祭が執行された。

社殿の周囲に広がる明治神宮の森。原生林のように見えるが、奉献された樹木によって作られた人工林だ。

大國魂神社

東京都

武蔵国の国魂と主要な神々を祀る総社

「（大）国魂」とはその土地に宿る神霊のことをいう。したがって、全国各地に（大）国魂神はおられるわけだが、武蔵国（東京都、埼玉県、神奈川県の一部）の国魂を祀る神社が当社である。なお、大國魂神社では御祭神の大國魂大神を大国主神と同神だとしている。

社伝によると、創建は景行天皇41年（111）とある。当初は天穂日命の子孫が武蔵国造に任じられ奉仕していたが、大化の改新後にこの地に国府が置かれると、国司が奉仕することになったという。さらに、大宮の氷川神社など、武蔵国内の主要な神社の神々が合祀され、総社となった。

現在の本殿は徳川四代将軍家綱公の命により寛文7年（1667）に再建されたものである。

随神門ごしに中雀門を望む。随神門は平成23年（2011）の改築。左右の脇間には神社を守護する随神像が安置されている。中雀門の奥に見えているのは、明治18年（1885）に建てられた拝殿。

神 大國魂大神、小野大神、小河大神、氷川大神、秩父大神、金佐奈大神、杉山大神ほか
府中市宮町3-1
042-362-2130
京王線府中駅より徒歩約5分、またはJR府中本町駅より徒歩約5分

一之宮貫前神社（いちのみやぬきさきじんじゃ）　群馬県

心やさしき女神と物部氏が奉斎した武神

当社を創建した物部氏が信仰していたのが、国譲りで活躍した武神・経津主神であった。『神道集』によると、昔、同地の赤城山の神が織物をしていると糸が足りなくなった。この時、親切に糸を貸したのが貫前の神で、この恩義から赤城山の神は上野国一宮の地位を貫前の神に譲ったという。この貫前の神が当社の御祭神の姫大神であろう。

神 経津主神、姫大神／富岡市一ノ宮1535／0274-62-2009／上信電鉄上州一ノ宮駅より徒歩約15分

氷川神社（ひかわじんじゃ）　埼玉県

日本武尊も祈願したと伝わる武蔵国の古社

社伝によると、創建は第5代天皇の孝昭天皇の御代。江戸時代まで存在した、見沼という湖沼の水源の一つでもあった湧水地の水神というのが、氷川神社の古い姿であったようだ。その後、日本武尊が訪れ、東征の成功を祈願したとされる。平安時代には名神大社として、正四位上の神階を得ていた。また、武蔵国一宮としても崇敬を集めた。

神 須佐之男命、稲田姫命、大己貴命／さいたま市大宮区高鼻町1-407／048-641-0137／JR大宮駅東口より徒歩約15分

鶴岡八幡宮（つるがおかはちまんぐう）　神奈川県

鎌倉の「御所」に鎮座する源氏の守り神

康平6年（1063）に源頼義は京の石清水八幡宮の分霊を源氏の守り神として鎌倉の由比ヶ浜近くに勧請した。これが鶴岡八幡宮の始まりという。後に、幕府を開いた源頼朝が現在地に遷座させた。頼朝は鎌倉の街作りをするに当たって京を参考にしたが、御所に当たる場所には幕府ではなく八幡宮を据え、町作りの中心としたのである。

神 応神天皇、比売神、神功皇后／鎌倉市雪ノ下2-1-31／0467-22-0315／JR・江ノ電鎌倉駅より徒歩約10分

寒川神社（さむかわじんじゃ）　神奈川県

八方除の守護神として知られる相模國の一宮

当社の創建時期は、雄略天皇の御代に幣帛（※）が奉納された記録があり、少なくとも1600年以上の歴史がある全国有数の古社である。

全国唯一の八方除の守護神を祀り、地相・家相・方位・日柄などに起因するすべての災いを取り除いて、福徳開運をもたらすといわれている。

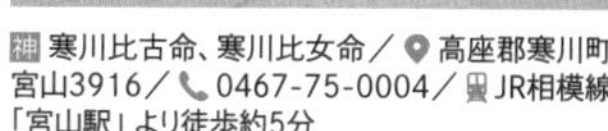

神 寒川比古命、寒川比女命／高座郡寒川町宮山3916／0467-75-0004／JR相模線「宮山駅」より徒歩5分

※幣帛…神前に奉献する供物の総称。

寶登山神社（ほどさんじんじゃ）

埼玉県

宝登山は荒川西岸にそびえる独立峰。頂上へはロープウェイが通じている。

山犬に助けられた日本武尊が創建

寶登山神社は標高497mの宝登山山頂に奥宮、麓に本社が鎮座している。その創建は日本武尊がこの山を登った時にさかのぼるとされる。社伝によると、日本武尊が宝登山山中で山火事に遭った際、どこからともなく山犬が現れ、火を消して尊を救った。山犬が神の使いだと気づいた尊は、山頂で神を祀ったことから「火止山（ほどさん）」と呼ばれるようになり、やがて「宝登山」の字が当てられたという。

永久（えいきゅう）元年（1113）に真言宗の空圓（くうえん）が別当寺の玉泉寺（ぎょくせんじ）を開創。以後、宝登山大権現の名で知られるようになり、各地から参詣者が集まった。とくに火防と盗賊除けの御神徳で知られ、今もこの神札が授与されている。また、日本武尊を助けた御眷属（お犬様）の神札も古来有名だ。明治の神仏分離により玉泉寺は独立することになったが、共栄の関係は現在も続いており、祭典法要などに際しては関係者が互いに参列する例になっている。

日本武尊が祭祀を行ったとされる場所に鎮座する奥宮。

- 神 神日本磐余彦尊、大山祇神、火産霊神
- 秩父郡長瀞町長瀞1828
- 0494-66-0084
- 秩父鉄道長瀞駅より徒歩約10分

本殿・幣殿・拝殿が一直線上につながる権現造の御社殿は、天正20年（1592）に徳川家康公が寄進したもの。昭和41年（1966）の台風で大きな被害を受けたが、旧材で復旧された。背後に見える緑が柞の杜。

秩父神社

埼玉県

日本三大曳山祭の一つ「秩父夜祭」で知られる

古代、秩父盆地は知知夫国と呼ばれており、知知夫国造が治めていた。『先代旧事本紀』によると、初代国造の知知夫彦命が祖神の八意思兼命を祀ったのが当社の始まりという。

中世には大陸由来の信仰で北極星（北斗七星）を神として崇める妙見信仰の社として知られるようになり、秩父平氏など武士の崇敬を集めた。

日本三大曳山祭の一つでユネスコの世界無形文化遺産に登録されている「秩父夜祭」（例祭）も妙見信仰に基づくもの。秩父神社の柞の杜に鎮座する妙見様と武甲山の男神との神婚の儀礼だとされる。

現在の社殿は天正20年（1592）に徳川家康公が寄進したものであるが、本殿北側には「北辰の梟」と呼ばれる彫刻もあり、妙見信仰を意識したものとなっている。

神 八意思兼命、知知夫彦命、天之御中主神、秩父宮雍仁親王
秩父市番場町1-3
0494-22-0262
秩父鉄道秩父駅より徒歩約3分、または西武鉄道西武秩父駅より徒歩約15分

三峯神社

埼玉県

天台修験の関東総本山にしてお犬様の霊山

社伝によると、日本武尊は東国平定の旅の途上、武蔵国に入ったところで道に迷った。そこに山犬が現れて一行を案内。尊は当地の美しい様子をご覧になり、国をお生みになられた伊弉諾尊・伊弉册尊をお偲びになって、二神をお祀りし、この国が永遠に平和であることを祈られたのが創まりという。

近世には修験道の霊地として発展し、天台修験の関東総本山となった。また庶民の間ではお犬様の信仰が広まり、各地に講（※）ができた。

標高1332mの妙法ヶ岳頂上に鎮座する奥宮。寛保元年（1741）に創建された。眺望がすばらしい。

寛政12年（1800）に再建された拝殿。極彩色に彩られた彫刻が特徴。拝殿内部の格天井には、奥秩父の花木百数十種が描かれている。奥の本殿は寛文元年（1661）の造営。

神 伊弉諾尊、伊弉册尊
秩父市三峰298-1
0494-55-0241
秩父鉄道三峰口駅よりバス約50分「三峯神社」下車すぐ

※講…神社や仏閣への参詣や寄進などのために組織された信者の団体。

妙義神社

群馬県

参道の石段。安永2年(1773)に建てられた総門をくぐると銅鳥居が見える。その先には165段の石段が続いている。その上の随神門をくぐれば、本殿はもうすぐだ。

写真提供：富岡市

祈願の霊峰に建つ 近世社殿建築の傑作

妙義山は、白雲山・金洞山・金鶏山の三山の総称である。妙義神社はこのうちの主峰・白雲山に鎮座している。

社伝によると宣化天皇2年（537）に創建されたというが、もともとは三山それぞれに神が祀られており、妙義神社はそれらを統合して成立したらしい。また、古くは波己曾神社と呼ばれていた。

奇岩怪石が多いその霊妙な山容は早くから宗教者や知識人の知るところとなり、後醍醐天皇に仕えた花山院長親はこの山の風光を「明々巍々たる奇勝」と讃えたことから「明巍」と呼ばれるようになったという。

現在の主要な社殿は江戸初期から中期に建てられており、近世社殿建築の水準を知る上で重要な遺構となっている。

とくに権現造の本社は見事な装飾彫刻で覆われており、きらびやかな権現造が多い関東においても傑作といわれ、重文に指定されている。また、境内社の波己曾神社の社殿は、明暦2年（1656）に建てられた旧本社社殿で、県指定文化財となっている。

宝暦6年（1756）に建てられた本社社殿。日光東照宮のように彫刻で埋め尽くすのではなく、彫刻は小壁や蟇股などに限定し、その他の壁は光沢のある黒漆で仕上げてあるので彩色が際立って美しい。

- 神 日本武尊、豊受大神、菅原道真公、権大納言長親卿
- 富岡市妙義町妙義6
- 0274-73-2119
- JR松井田駅よりタクシー約10分

安房神社

千葉県

祭祀氏族の忌部氏が開拓した「あわ」の一宮

阿波国と安房国、読みが同じなのにはわけがある。いずれも朝廷で祭祀を司っていた忌部氏によって開拓された土地だ。そのため、両国とも一宮は忌部氏の祖神を祀っている。

開拓に関わったのは天富命と忌部氏の中でも天日鷲命を祖と仰ぐ阿波忌部氏で、一行は阿波国に勢力を広げた。『古語拾遺』によれば、その後天富命はさらなる沃土を求めて一族を率いて安房に渡り、ここに麻と梶を植えたのだという。そして、忌部氏の祖神である天太玉命を祀る神社を建てた。これが安房神社の始まりとされる。現在地に遷座したのは養老元年（717）のことで、この時、天富命などを祀る下の宮も建てられた。

境内は天太玉命を祀る上の宮と天富命・天忍日命を祀る下の宮に分かれている。写真は上の宮の拝殿で、昭和52年（1977）に建てられたもの。

上の宮の北に鎮座する下の宮。

神 天太玉命、天比理刀咩命、櫛明玉命、天日鷲命、彦狭知命、手置帆負命、天目一箇命
館山市大神宮589
0470-28-0034
JR館山駅よりバス約20分「安房神社前」下車、徒歩約10分

洲崎神社

千葉県

忌部氏が創建したもう一つの一宮

天富命に率いられて房総に渡ってきた阿波忌部氏は、館山に祖神・天太玉命の后神・天比理乃咩命を祀る神社も建てた。それが当社の起源で、神武天皇の御代とされる。

治承4年（1180）の石橋山合戦に敗れ安房に逃れてきた源頼朝は、まず当社を参詣して再起を期したという。近世には一宮としての信仰も広まった。

神 天比理乃咩命、天太玉命、天富命／館山市洲崎1344／0470-29-0713／JR館山駅よりバス約30分「洲の崎神社前」下車、徒歩約5分

玉前神社

千葉県

神武天皇の母神を祀る上総国の一宮

当社の創建時期は不明だが、『延喜式』に名神大社として記載され、9月に行われる上総十二社祭が大同2年（807）の創始と伝わることから、平安時代初期以前に遡るものと思われる。古くから重きを置くべき神社として、朝廷はもとより、豪族、幕府の信仰を集め、上総国一宮として崇敬されてきた。

神 玉依姫命／長生郡一宮町一宮3048／0475-42-2711／JR上総一ノ宮駅より徒歩約8分

神田神社（神田明神）

かんだじんじゃ（かんだみょうじん）

東京都

平将門の神霊が鎮まる江戸っ子の総鎮守

社伝によれば、天平2年（730）に大己貴命（大国主神）の子孫が、現在の大手町に社を建てたことに始まるという。その後、平将門の首塚周辺で怪異が頻発したため、時宗の真教上人がその霊を供養し、延慶2年（1309）に当社に合祀したとされる。

戦国時代には太田道灌、北条氏綱などの武将の信仰を集めた。江戸時代になると境内が江戸城の拡張予定地に入ってしまい、元和2年（1616）に城の表鬼門に当たる現在地に遷座。以後、江戸の総鎮守として幕府の崇敬を受けた。

平将門が朝敵であったことから明治初頭に御祭神からはずされたが、氏子・崇敬者の要望により昭和59年（1984）に三之宮の御祭神に復した。

神田神社の例祭、神田祭。将軍が上覧したことから天下祭と呼ばれる。同じく天下祭の山王祭（日枝神社の例祭）と1年交替で行われる。

- 神 大己貴命、少彦名命、平将門命
- 千代田区外神田2-16-2
- 03-3254-0753
- JR・東京メトロ御茶ノ水駅、または東京メトロ新御茶ノ水駅・末広町駅より徒歩約5分

日枝神社

ひえじんじゃ

東京都

江戸城の鬼門押さえとされた比叡山の神

当社の起源は平安末期に江戸氏が山王宮を祀り、文明10年（1478）に太田道灌が江戸の地に築城するにあたり、川越山王社を勧請したことに始まる。その後、天正18年（1590）に江戸に移封された徳川家康が江戸城を居城とするに至って、「城内鎮守の社」として崇敬した。徳川秀忠の時代に城内紅葉山より江戸城外に新築された社殿に遷祀。明暦の大火で社殿を消失するも、徳川家綱が現在地に再建した。

拝殿。将軍家綱造営の社殿は旧国宝であったが空襲で焼失。昭和33年（1958）に再建された。

- 神 大山咋神、国常立神、伊弉冉神、足仲彦尊
- 千代田区永田町2-10-5
- 03-3581-2471
- 東京メトロ赤坂駅・溜池山王駅より徒歩約3分

表参道の石段と山五鳥居。外堀通りの参道のほうが鳥居も大きく、石段脇にエスカレーターもあって目立つが、本来の参道はこちら。石段が急なため男坂とも呼ばれる。

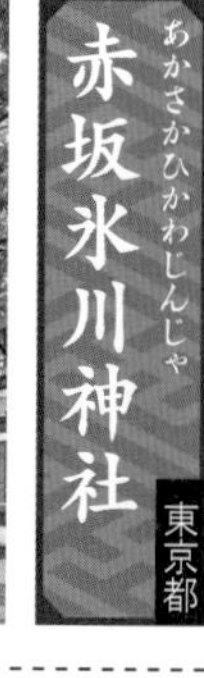

社殿。享保14年（1729）に吉宗公の命により建立された。権現造であるが倹約令執行中であったため、質素な外観になっている。吉宗公が建てた当時のまま約290年、奇跡的に残り、東京都の重要文化財に指定されている。

神 素盞嗚尊、奇稲田姫命、大己貴命
港区赤坂6-10-12
03-3583-1935
東京メトロ赤坂駅・六本木駅・六本木一丁目駅より徒歩約8分

度重なる火災を免れた緑深き都心の神域

安政の大地震・関東大震災・東京大空襲と都心は大規模な火災に何度となく遭ってきた。ところが、驚くべきことに赤坂氷川神社は、そのいずれの災禍からも被害を免れている。

当社の創建は天暦5年（951）とされるが、現在地に遷座したのは享保15年（1730）のこと。赤坂の屋敷で少年時代を過ごした徳川吉宗が当社を産土神として崇め、将軍就任を機に新たに社地を与え社殿を造営したのである。現在の社殿も当時のものだ。

南参道の一の鳥居。大正11年（1922）に麻布と芝の氏子から奉納された。

創建は慶長8年（1603）。幕府の寄進により華麗な社殿が建ち並んだ。

神 火産霊命、罔象女命、大山祇命、日本武尊、将軍地蔵尊、普賢大菩薩
港区愛宕1-5-3
03-3431-0327
東京メトロ神谷町駅・虎ノ門ヒルズ駅より徒歩約5分、または東京メトロ虎ノ門駅・都営地下鉄御成門駅より徒歩約8分

江戸の最高峰に鎮まる火防と勝負の神

意外かもしれないが、愛宕神社が鎮座する愛宕山は23区内の自然の山として最高峰であり、標高は約26mある。徳川家康がここに火伏の神を勧請したのも、この高さゆえだろう。火の見櫓のように江戸を見晴らして守ってもらいたいと願ったのに違いない。

実は愛宕神社には勝負の神というもう一つの顔がある。将軍・徳川家康公が信仰した、勝運の御利益で知られる将軍（勝軍）地蔵尊が一緒に祀られているからである。

急な石段が86段続く男坂。曲垣平九郎が馬で登って将軍家光から褒賞を受けた故事より「出世の石段」と呼ばれる。

武蔵御嶽神社

むさしみたけじんじゃ

東京都

神 櫛眞智命、大己貴命、少彦名命、廣國押武金日命、日本武尊
青梅市御岳山176
0428-78-8500
JR御嶽駅よりバス約10分「ケーブル下」下車、徒歩約3分の御岳登山鉄道滝本駅よりケーブルカーで御岳山駅下車、徒歩約25分

日本武尊の武具を秘めた奥多摩の霊峰

一説によると、武蔵という地名は日本武尊が自らの鎧兜を御岳山に納めたからとされる。

御岳山にはもう一つ日本武尊の伝説が伝わっている。それによると、日本武尊は御岳山で邪神を退治した際に、その妖気によって道を見失ってしまったという。そこへ白いオオカミが現われて道案内をしたので、日本武尊は喜んで大口真神の名を与え、以後も御岳山に留まって魔を退治するよう命じたという。

こうした伝説からオオカミは武蔵御嶽神社のお使いとされ、「お犬様」と呼ばれている。その後、大口真神の御札は盗難除け・魔除けに霊験があるとして江戸庶民を中心に信仰が広まった。なお、当社のお犬様の御札は目に三日月がかたどられている。これは当社が「月の御嶽」と呼ばれていたことによる。

石段の上にそびえる拝殿は元禄13年（1700）の改築。本殿の裏には日本武尊を助けたオオカミを祀る大口真神社もある。

御岳山上空より山頂の社殿群を望む。左上の大きな建物が拝殿。神仏分離や近代化で変わったところもあるが、御師（宿坊を経営しつつ布教に携わった神職）の集落など近世以前の景観がよく保たれている。

大口真神切札（おおくちまがみきりふだ）。お犬様の目は三日月の形をしている。魔除け・厄除けのご利益がある。

御岳山

御岳山は標高929m。ケーブルカーがあるので誰でも気軽に登れるが、山上は都内とは思えないほど自然が豊かだ。参道周辺には樹齢1000年を越える神代（じんだい）ケヤキや樹齢350年の天狗の腰掛け杉などがある。

ロックガーデン

神代ケヤキ

御岳平からの夜景

天狗の腰掛け杉

国宝の鎧に秘められた武蔵御嶽神社の歴史

御嶽山（御岳山）とは神が住まう山に対する尊称なので、全国各地に存在している。しかし、その中でも木曽御嶽山と甲州御嶽山、そして武蔵国の御岳山（武州御嶽山）は日本三御嶽と呼ばれ、とくに尊崇された。そして、それぞれを雪の御嶽・花の御嶽・月の御嶽と称した。

月の御嶽という優雅な呼称とは対照的に、当社は武士の崇敬を集めた。やはり伝説の英雄・日本武尊の武勇にあやかりたいという気持ちがあったのだろう。

武士の信仰の篤さは、当社に奉納された武具の数々からも知られる。たとえば国宝の赤糸（あかいと）威大鎧（おどしのおおよろい）は平安後期の鎧の傑作で、畠山重忠（はたけやましげただ）の奉納と伝えられる。同じく国宝の金覆輪円文螺鈿鏡鞍（きんぷくりんえんもんらでんのかがみくら）は四条（しじょう）天皇の献進と伝わるが、鎌倉幕府の有力武士である安達氏奉納という説もある。

若子神社へは田母沢（たもざわ）のバス停から徒歩で20分ほど山道をゆく。霊気がただよう深い杉木立の中、日光の中心部からほど近い場所とは思えない静寂さがある。

若子神社（じゃっこじんじゃ）

栃木県

空海と釘念仏の伝説が残る名瀑（めいばく）のもとの社

空海が日光を訪れたという記録はないが、なぜか日光には空海にまつわる伝説が多い。日光という地名も、空海が「二荒（ふたら）」を「にこう」と読み替え「日光」の字を当てたためと伝えられている。

若子神社の鎮座地も空海が修行をしたところとされ、かつては寂光寺（じゃっこうじ）という大寺院があった。この寂光寺は、室町時代に同寺の僧・覚源（かくげん）が始めた釘念仏（死後の苦しみを念仏を唱えることで取り除くとする信仰）の修行道場でもあった。

近世には釘念仏の流行もあり栄えたが、寂光寺は明治の神仏分離令の影響で廃寺となり、御祭神を下照姫命（したてるひめのみこと）として若子神社となった。

現在、若子神社は二荒山神社の摂社で、山内に伸びる参道の長い石段は深い静寂に包まれている。本殿から100mほど離れたところに名瀑「寂光の滝」がある。

寂光の滝。高さ50m、幅6m、7段になって流れ下る滝であるが、全体を一望することはできない。

神 下照姫命
日光市日光2145
0288-54-0535（日光二荒山神社）
JR日光駅・東武鉄道東武日光駅よりバス約15分「田母沢」下車、徒歩約20分

写真提供：日光観光ライブ情報局

瀧尾神社（たきのおじんじゃ）

栃木県

参道に立つ運試しの鳥居。額束に穴があいている鳥居で、この穴に石を通すことができれば願いが叶うといわれている。

空海創建伝説をもつ 元日光三社権現の1社

瀧尾神社は今では知る人ぞ知る神社になっているが、東照宮が創建される以前は、本宮（本宮神社）・新宮（二荒山神社）とともに日光三社権現と呼ばれ、日光の信仰の中心的存在であった。

当社は女峰山を遥拝する神社で、弘仁11年（820）に空海が創建したと伝えられる。現在は二荒山神社の別宮となっている。なお、本殿の裏には扉がつけられており、社殿より女峰山を拝することができるようになっている。

神 田心姫命
日光市山内
0288-54-0535（日光二荒山神社）
JR日光駅・東武鉄道東武日光駅よりバス約5分「神橋」下車、徒歩約30分

写真提供：日光観光ライブ情報局

白糸の滝。落差は約10m。空海もここで修行をしたという。

日吉神社（ひよしじんじゃ）

千葉県

徳川家康ゆかりの社 樹齢400年の杉並木

当社の起源は、最澄が大同2年（807）に当地を訪れた際に、比叡山に鎮座する日吉大社の分霊を鴇ケ峰に祀ったこととされる。現在地に遷座したのは嘉慶元年（1387）のことで、慶長19年（1614）には鷹狩りで東金を訪れた徳川家康が当社に3日参籠をしたとされる。

東金市の有形文化財に指定されている本殿は、家康が代官に命じて改築させたものという。

山王坂とも呼ばれる参道の切り通し。徳川家康が造らせた御成街道の一部だとされる。

樹齢400年の杉の大木39本が、約200mにわたって並ぶ参道。東金市の天然記念物に指定されている。

神 大山咋命
東金市大豆谷宮山860
0475-54-0980
JR東金駅より徒歩約25分

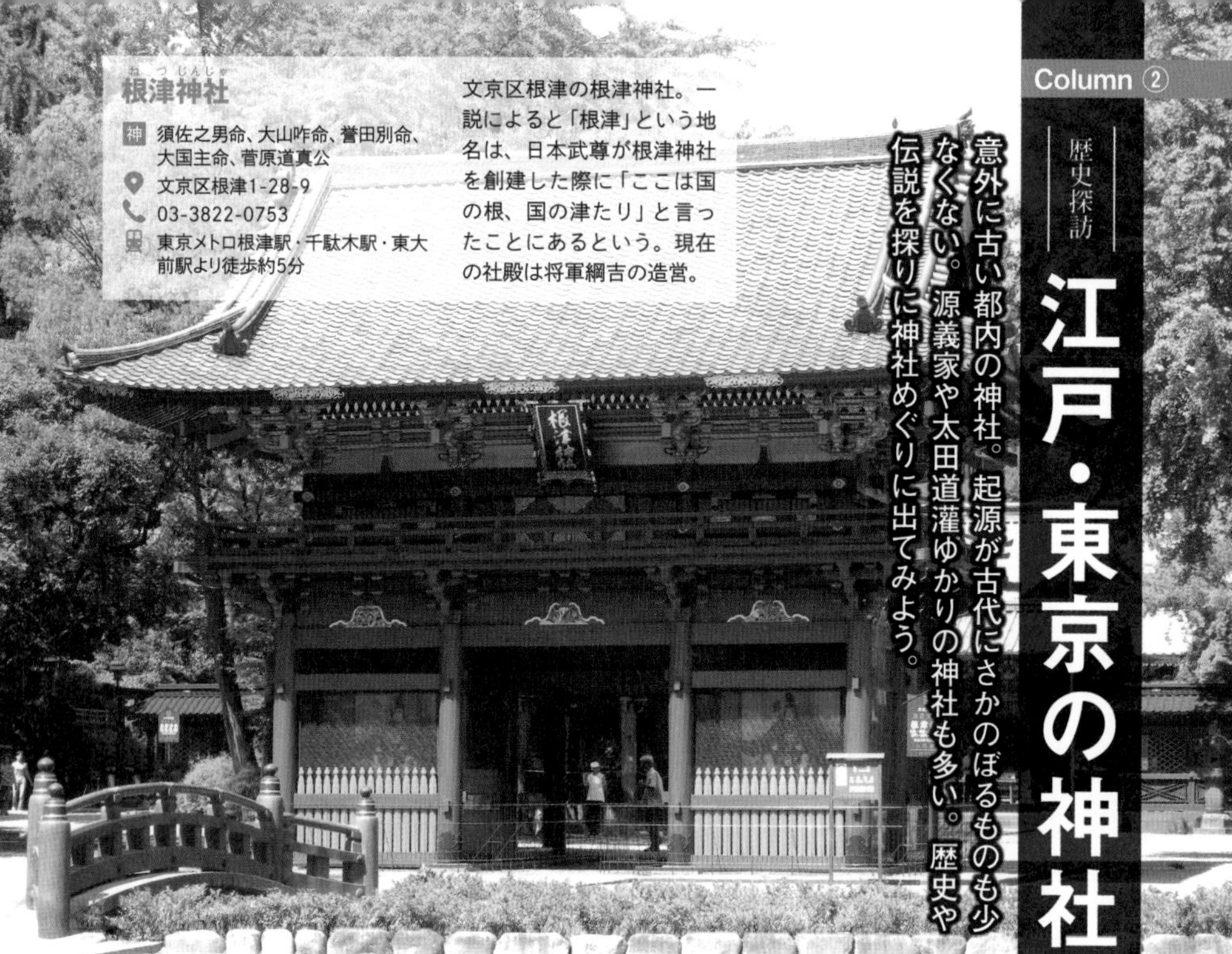

Column ②

歴史探訪

江戸・東京の神社

意外に古い都内の神社。起源が古代にさかのぼるものも少なくない。源義家や太田道灌ゆかりの神社も多い。歴史や伝説を探りに神社めぐりに出てみよう。

根津神社

神 須佐之男命、大山咋命、誉田別命、大国主命、菅原道真公
文京区根津1-28-9
03-3822-0753
東京メトロ根津駅・千駄木駅・東大前駅より徒歩約5分

文京区根津の根津神社。一説によると「根津」という地名は、日本武尊が根津神社を創建した際に「ここは国の根、国の津たり」と言ったことにあるという。現在の社殿は将軍綱吉の造営。

日本武尊の東征と弟橘媛の悲しい伝説

東京の昔というと江戸時代を想起してしまうので、都内の神社は江戸時代創建と思われがちだ。しかし、創建が中世以前にさかのぼる神社も多く、神話時代とするところもある。神話の中でも都内の神社との関わりが深いのは日本武尊の神話だ。

日本武尊は景行天皇の皇子で、八幡宮の御祭神とされる応神天皇の祖父に当たる。しかし、そうした出自よりも悲劇の英雄として知られている。日本武尊はまず西に遠征して熊襲を倒し、続いて東国の平定に赴く。しかし、この旅は苦難に満ちており、浦賀水道を渡ろうした時には、妃の弟橘媛が海に身を投げて一行を救うということも起きる。

この弟橘媛の伝承が古代の人々の心を打ったのか、墨田区の吾嬬神社や品川区の寄木神社、千葉県茂原市の橘樹神社など、東京湾沿岸には弟橘媛の伝承をもつ神社が多い。関東のことを「あづま」と呼ぶのも、日本武尊が弟橘媛のことを思って「吾妻はや」と嘆いたことによるという。

このほか鳥越神社や榊神社（共に台東区）など、隅田川畔の神社にも日本武尊伝説は残されている。

一方、山岳部にも日本武尊の伝説が伝わっている。都内では青梅市の武蔵御嶽神社。隣りの埼玉県内では寶登山神社・三峯神社・金鑽神社（児玉郡神川町）などである。

平将門の怨霊と武将たちの伝説

今の東京に下ってきた貴人は日本武尊だけではない。台東区下谷の小野照崎神社の社伝では、平安前期の文人の小野篁も今の上野あたりに居住していたという。

しかし、江戸開幕以前の大事件といえば、平将門の乱であろう。その勢いに朝廷は震えあがり、調伏の祈祷を有名社寺に命じるに至った。興味深いことに、都内の神社には、乱を鎮定する側であったところと、将門の霊を祀るところの両方がある。

将門討伐に霊験があったとする神社には、烏森神社（港区）や亀戸香取神社（江東区）などがある。この二社はいずれも将門を討った俵藤太（藤原秀郷）が出征前に戦勝祈願をしたと伝えている。

これに対して将門の霊を祀る神社は、神田神社（神田明神）・築土神社（千代田区）・兜神社（中央区）・鎧神社（新宿区）などが有名である。

一方、都内の神社の御由緒で一番よく見かける名前は源義家だろう。義家は父の頼義に従って前九年の役（陸奥国で起きた反乱）に出征し、その20年後の後三年の役（奥州の内乱）にも出陣している。その出征途上で戦勝祈願をしたのが起源と伝える神社、とくに八幡宮・八幡神社が多いのだ。平塚神社（北区）や穴八幡宮（新宿区）のように義家が鎧や兜を納めた（埋めた）とされるところもある。

次によく聞くのは、江戸城を最初に築いた名将・太田道灌だ。扇谷上杉家の家宰であった道灌は、連戦連勝を重ねて戦国の幕開けを告げた。ゆかりの神社には赤坂の日枝神社のほか湯島天満宮・櫻木神社（ともに文京区）などがある。

御祭神の小野篁は平安前期の政治家・マルチアーティスト。漢詩や和歌に優れた文人であり、絵画は神に至ると称されるほどだった。

小野照崎神社

- 神　小野篁命、菅原道真命
- 台東区下谷2-13-14
- 03-3872-5514
- 東京メトロ入谷駅より徒歩約3分、またはJR鶯谷駅より徒歩約7分

源頼義は前九年の役で奥州へ向かう途次、この地で八条の白雲が源氏の白い旗が翻っているように見えたので八幡神守護のしるしと喜び、当社の創建を誓ったという。これが当社の起源で、以後、武蔵国八幡一之宮と称され崇敬を集めてきた。

大宮八幡宮

- 神　応神天皇、仲哀天皇、神功皇后
- 東京都杉並区大宮2-3-1
- 03-3311-0105
- 京王西永福駅より徒歩約7分

遅野井八幡宮ともいう。もともとは春日大社の分霊を祀っていたが、源頼朝が奥州藤原氏討伐の際に当社で戦勝祈願をしたことを機に八幡宮に転じたとされる。太田道灌も武運長久を祈っている

井草八幡宮

- 神　八幡大神
- 東京都杉並区善福寺1-33-1
- 03-3399-8133
- JR荻窪駅よりバス約10分「井草八幡宮」下車、徒歩約1分

将軍たちの江戸大改造と花開く庶民信仰

江戸幕府の成立により、江戸は大きく変貌していく。それまでは海辺の町にすぎなかったが、幕府の大改造により世界最大の都市へと発展したのである。

江戸の街と神社の発展は3期に分けて考えることができる。まず江戸城と城下町たる江戸の開発期。続いて政治の中心地としてのインフラ整備の時期。そして、都市拡大期だ。

第1期を代表するのは愛宕神社である。愛宕山に勧請された慶長8年（1603）頃、江戸開発はまだ緒についたばかりであった。

第2期を代表するのは上野東照宮。久能山・日光に次いで3番目に造られた東照宮で、寛永4年（1627）に寛永寺の境内に建てられた。第3期には明暦の大火（1657）をきっかけに肥大化した江戸の都市機能を保つため大規模な寺社移転が行われた。亀戸天神社もこの時期に移転した。

江戸中期以降になると、信仰の担い手は庶民に移っていった。それを象徴するのが稲荷信仰の流行である。江戸には大小さまざまな稲荷社が勧請され、「伊勢屋、稲荷に犬の糞」と江戸に多いものの喩えにもされた。金刀比羅宮（港区）や水天宮（中央区）のように大名屋敷の邸内社が庶民の信仰を集め、一般の参詣を許すといったことも起こった。

湯島天満宮

神 天之手力雄命、菅原道真公
東京都文京区湯島3-30-1
03-3836-0753
東京メトロ湯島駅より徒歩約2分、または東京メトロ上野広小路駅・都営地下鉄上野御徒町駅より徒歩約5分

雄略天皇2年（458）に天之手力雄命を祀ったのが起源。その後、菅原道真公の神霊が勧請され天満宮となった。

明暦の大火後の復興のシンボルとして、正保3年（1646）年に創建された。

亀戸天神社

神 天満大神（菅原道真公）、天菩日命（菅原家の祖神）
東京都江東区亀戸3-6-1
03-3681-0010
JR・東武鉄道亀戸駅、またはJR・東京メトロ錦糸町駅より徒歩約15分

王子稲荷神社

神 宇迦之御魂神、宇気母智之神、和久産巣日神
東京都北区岸町1-12-26
03-3907-3032
JR・東京メトロ王子駅より徒歩約7分、または都電王子駅前駅より徒歩約9分

王子稲荷神社は関東の稲荷の総司とされ、お使いの狐が関東中から集まると信じられていた。

第三章

甲信越・東海の神社

列島を見晴るかす甲信の山々。古代より海運で栄えた越国。
中世に「三英傑」を輩出した東海。
各地に鎮まる神社には、それぞれの歴史が刻まれている。

諏訪大社

長野県

上社本宮の幣拝殿。諏訪大社は上社・下社の2社からなっており、それぞれに本宮・前宮、秋宮・春宮がある。上社は建御名方神と八坂刀売神を祀り、下社はこの2神に加え八重事代主神を祀る。

上社本宮

神 建御名方神
諏訪市中洲宮山1
0266-52-1919
JR上諏訪駅よりバス約30分「神社前」下車、徒歩約1分

記紀神話が語らない信濃国一宮の真の神話

諏訪大社の御祭神・建御名方神は『古事記』『日本書紀』の神話にも登場する。建御名方神は父神の大国主神が地上の統治権を天照大神の子孫に譲ることに反対し、天津神の使者・武甕槌神に戦いを挑んだ。力自慢の建御名方神であったが武甕槌神に負けて諏訪まで逃げ、この地から出ないことを条件に許されたという。この神話を信じれば諏訪大社の御祭神は敗北者だが、諏訪には建御名方神が土着神の洩矢神を打ち破って諏訪に鎮座したという神話も伝わる。おそらくこれが建御名方神の本来の姿で、記紀の神話は武甕槌神の強さを強調するために建御名方神の名を借りたのだろう。

75頭分の鹿の首と天下の大祭・御柱祭

4月15日の御頭祭では鹿の肉

上社前宮の本殿。前宮は諏訪大社の御祭神が初めて出現したところとされる。そのためか4つの宮の中でも、もっとも自然が残る境内になっている。木立の中の本殿は、諏訪大社草創期の姿を思わせる。

上社前宮（かみしゃまえみや）

神 八坂刀売神
茅野市宮川2030
0266-72-1606
JR茅野駅より徒歩約30分、または本宮より徒歩約20分

下社秋宮の神楽殿。下社の2宮は諏訪湖の北岸に鎮まるが、秋宮は旧中山道と甲州街道の分岐点にある。神楽殿は天保（てんぽう）6年（1835）に建てられたもの。その前の狛犬は青銅製としては日本最大級。

下社秋宮（しもしゃあきみや）

神 建御名方神、八坂刀売神、八重事代主神
諏訪郡下諏訪町5828
0266-27-8035
JR下諏訪駅より徒歩約10分

下社春宮の幣拝殿。下社の御霊代（御神体）は季節によって移動する。2月から7月までは当宮に遷座するので春宮という。粥の中に葦の茎を入れて米粒がどれくらい入るかによって豊凶を占う筒粥神事も、この境内で行われる。

下社春宮（しもしゃはるみや）

神 建御名方神、八坂刀売神、八重事代主神
諏訪郡下諏訪町193
0266-27-8316
JR下諏訪駅より徒歩約20分、または秋宮より徒歩約12分

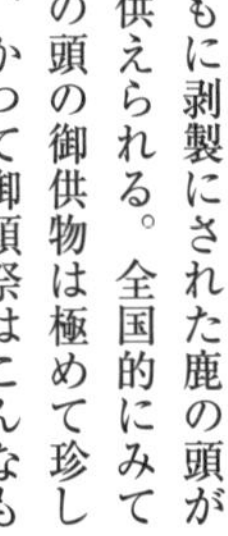

とともに剥製にされた鹿の頭が3つ供えられる。全国的にみても獣の頭の御供物は極めて珍しいが、かつて御頭祭はこんなものではなかった。江戸時代の記録によると、料理や酒、鳥獣などの供物とともに鹿の頭が75も供えられていた。この想像を超える数は、諏訪大社の信仰圏の広さと崇敬者の多さの証だ。

諏訪大社はこのほかにも独特の祭事を伝えている。その最たるものは境内の四隅に巨大な柱を立てる御柱祭であるが、ほかにもお舟祭など古（いにしえ）の信仰を伝える祭が行われている。

諏訪大社の御柱祭（おんばしら）。正しくは「式年造営御柱大祭」といい、7年おきの寅年・申年に行われる。

北口本宮冨士浅間神社

山梨県

日本武尊が定めた富士山北麓の登山口

富士山麓周辺には富士山を信仰対象とした神社が多い。その中でも吉田口（北口）の北口本宮冨士浅間神社は、富士宮市の富士山本宮浅間大社とともに富士山信仰の中心的な存在となってきた。

その起源はおよそ1900年ほど前、日本武尊が東征の折に「富士の神山は北方より拝せよ」と勅され、富士山を遥拝したことにあるとされる。当社の南西150mほどのところにある大塚丘が、この日本武尊遥拝の地だという。

延暦7年（788）には現在地に社殿が建てられたと伝えられ、その後、富士山信仰の普及に伴い発展してきた。現存する社殿では武田信玄が永禄4年（1561）に造営した東宮本殿が最古、本殿は元和元年（1615）の再建（ともに重文）。

参道。杉木立の先に見える大鳥居は、木造のものとしては日本一の大きさを誇る。

神 木花開耶姫命、彦火瓊瓊杵尊、大山祇神
富士吉田市上吉田5558
0555-22-0221
富士急行富士山駅よりバス約6分「浅間神社前」下車すぐ

生島足島神社

長野都

御本社拝殿（左）と御神橋。生島足島神社の御本社（上宮）は神池に浮かぶ神島に鎮座している。御本社本殿の中の御室（内殿）は床板がなく土間になっており、その土間そのものを御神体（御霊代）として祀っている。生島足島神社は、『延喜式』では名神大社に列せられている。

神 生島大神、足島大神
上田市下之郷中池西701
0268-38-2755
上田電鉄下之郷駅より徒歩約3分

日本全土の国魂を祀る信濃屈指の古社

生きとし生けるものに生命力を与える生島大神（生国魂神）と、生きとし生けるものを満ち足らしめる足島大神（足国魂神）を祀る。この2柱の神は日本を構成する数々の島（八十島）を表すとも、日本全土の国魂（土地の神霊）ともされる。

創建年代は不詳だが、建御名方富命が諏訪に向かう途上で生島大神・足島大神に粥を献じたと伝えられる。なお、遷都をする際には、天皇は新しい都で日本列島の国魂神である生島神・足島神を祀るものとされ、東京遷都の時も宮中で御親祭が行われた。

鎌倉期には北条氏、戦国時代には武田信玄が上杉謙信との決戦を前に戦勝祈願をした。また、真田昌幸をはじめとする真田氏の崇敬は篤く、神領の寄進、社殿の修築などを行った。

神 天香山命（伊夜日子大神）／西蒲原郡弥彦村弥彦2887-2／0256-94-2001／JR弥彦駅より徒歩約15分

彌彦神社

新潟県

『万葉集』にも詠まれた越後国一宮

霊峰・弥彦山の神のことは『万葉集』にも詠まれている。「伊夜彦おのれ神さび青雲の棚引く日すら小雨そぼふる」（いやひこは自ずからいかにも神々しく、薄雲が棚引く晴れた日でさえ、小雨がしとしとと降りそぼっていることよ）当神社は越後開拓の祖神とされる天香山命を奉祀する北越鎮護の社として、古代には歴代天皇の勅により社殿修造がなされてきた。

氣多大社

石川県

大国主神（大己貴命）を祀る能登国一宮

社伝によると、当社に鎮座する大国主神は、能登を襲った魔物を退治するために出雲から眷属を連れてやって来たのだという。能登国が越中国に併合されていた時は越中国一宮であったとされ、国司として越中国に赴任した三十六歌仙の一人・大伴家持も着任早々に当社を参詣している。近世には加賀藩主前田家の尊崇を受けた。

神 大己貴命／羽咋市寺家町ク1-1／0767-22-0602／JR羽咋駅よりバス約10分「一の宮」下車、徒歩約5分

氣比神宮

福井県

応神天皇と名前を交換した越前国の神

『古事記』『日本書紀』は氣比神宮の御祭神「伊奢沙別命」について不思議な神話を載せている。御祭神は皇子時代の応神天皇と名前を交換したというのである。皇室との関係は父の仲哀天皇の頃から深く、敦賀まで行幸されたという。当社が重視されたのは海陸の要所であったからで、北陸道総鎮守と仰がれ、越前国一宮に選ばれた。

神 伊奢沙別命、仲哀天皇、神功皇后、応神天皇ほか／敦賀市曙町11-68／0770-22-0794／JR敦賀駅よりバス約5分「気比神宮前」下車すぐ

白山比咩神社

石川県

加賀国の一宮であり白山信仰の総本宮

日本三霊山の一つ白山は加賀・越前・美濃の三国にまたがっている。それぞれの国に登山口（馬場）が設けられ信仰拠点となった。加賀国の馬場にあった当社が、比叡山延暦寺の末寺となったこともありもっともよく知られ、各地に分社が勧請された。当社も大いに繁栄したが、文明12年（１４８０）の大火で社殿を焼失、現在地に遷座した。

神 白山比咩大神（菊理媛尊）、伊弉諾尊、伊弉冉尊／白山市三宮町ニ105-1／076-272-0680／北陸鉄道鶴来駅よりバス約5分「一の宮」下車、徒歩約5分

三嶋大社（みしまたいしゃ）

静岡県

山の神と海の神を祀る伊豆国一宮

創建時期は不明だが、古くより三島の地に鎮座した伊豆国の一宮。御祭神は大山祇命、積羽八重事代主神で、この御二柱の神を総じて、三嶋大明神と称している。中世以降、武士の崇敬、殊に伊豆に流された源頼朝は深く崇敬し、源氏再興を祈願。神助を得てこれが成功したことから社領神宝を寄せ、益々崇敬したと伝わる。

神 大山祇命、積羽八重事代主神／三島市大宮町2-1-5／055-975-0172／伊豆箱根鉄道三島田町駅より徒歩約7分、またはJR三島駅より徒歩約15分

富士山本宮浅間大社（ふじさんほんぐうせんげんたいしゃ）

静岡県

二階建ての本殿に鎮座する美しい女神

神 木花之佐久夜毘売命（浅間大神）、瓊々杵尊、大山祇神／富士宮市宮町1-1／0544-27-2002／JR富士宮駅より徒歩約10分

浅間とは荒々しい山を指す言葉で、主に富士山のことをいう。古代の富士山はいつ噴火するかわからない猛々しい火の山だった。当社の起源も噴火で麓一帯が荒れ果てたのを憂えた垂仁天皇が、富士山の神霊を祀らせたことにあるという。なお、この荒々しい山に鎮座する神は、花のように美しい木花之佐久夜毘売命とされる。駿河国一宮。

真清田神社（ますみだじんじゃ）

愛知県

国の人々に慕われた尾張国の一宮

当社は古来、名神大社として名高く、国衙に近い交通の要衝に鎮座していることから一宮に選ばれたと思われる。しかし、そればかりではなく、尾張の民衆にも慕われていた。平安中期、漢詩人・大江匡衡が国司であった時、農民が国政に不満をもち農作業を放棄することがあったが、匡衡の妻の赤染衛門が当社に和歌を奉納すると和解がなったという。

神 天火明命／一宮市真清田1-2-1／0586-73-5196／JR尾張一宮駅より徒歩約8分、または名鉄一宮駅より徒歩約8分

南宮大社（なんぐうたいしゃ）

岐阜県

美濃国の一宮にして鉱山・金属業の総本宮

神 金山彦命、彦火火出見命、見野命／不破郡垂井町宮代1734-1／0584-22-1225／JR垂井駅より徒歩約20分

南宮大社の御祭神は鉱山業や金属業の守護神・金山彦命であるが、神武天皇の東征を扶けた神ともされる。『延喜式』によると、古くは仲山金山彦神社と称していたが、国府の南にお遷りになられたことから南宮大社と改められた。平将門の乱や安倍貞任の乱の鎮定にも霊験を現し、神階も正一位勲一等の極位に達した。

熱田神宮

愛知県

本宮の外玉垣に設けられた拝殿。皇位継承の御璽である三種の神器の一つ、草薙神剣をお祀りし、古来、伊勢の神宮に次ぐ格別に尊いお宮として崇敬を集めている。

三種の神器「草薙神剣」を祀る日本武尊ゆかりの神社

熱田神宮は熱田大神を祀っているが、これは三種の神器の一つの草薙神剣を御霊代として依らせられる天照大神のことである。

草薙神剣は素盞嗚尊が八岐大蛇を退治した時にその尻尾から出現されたもので、もとは天叢雲剣といった。日本武尊はこの剣を携えて東国へ遠征し、焼き討ちにあった際にこれで草を薙ぎ払ったことから草薙神剣と呼ばれるようになった。

遠征を終えた日本武尊は尾張で宮簀媛命と結ばれるが、草薙神剣を宮簀媛命のところにおいたまま伊吹山の賊を退治に出かけ、病に倒れ薨去された。悲しんだ宮簀媛命は神剣を熱田の地に祀ったとされ、これが熱田神宮の始まりといわれる。

当宮では、この草薙神剣ゆかりの四神に加え、宮簀媛命の兄で日本武尊の遠征に従ったという建稲種命を相殿神として祀る。なお、宮簀媛命の父、乎止與命は尾張の国造の祖とされる。中世以降は武士の信仰も集め、織田信長も桶狭間の決戦に向かう前に当宮を参拝し、戦勝を祈願している。境内の信長塀は戦勝の御礼に寄進したものという。

手水舎の北側にある大楠の木。境内には大きな楠が多いが、中でもこの木が大きい。伝説では弘法大師空海が植えたものという。樹齢は約1000年。別宮の境内には樹齢300余年の太郎庵椿もある。

- 神　熱田大神、天照大神、素盞嗚尊、日本武尊、宮簀媛命、建稲種命
- 名古屋市熱田区神宮1-1-1
- 052-671-4151
- 名鉄神宮前駅より徒歩約3分

戸隠神社（とがくしじんじゃ）

長野県

岩戸が化した霊山に鎮座する神話の神々

『古事記』『日本書紀』には有名な天の岩戸隠れ神話がある。素盞嗚尊の乱暴狼藉に腹を立てた天照大神は、天の岩屋に身を隠してしまう。すると、天地はまっ暗になり、さまざまな災いが起こった。困った神々は一計を案じて天照大神を岩屋から誘い出した。この時、神々の中でもとくに力が強い天手力雄命（あめのたぢからおのみこと）が岩屋の岩戸を投げ飛ばしたといい、これが地に落ちて山になったのが戸隠山（とがくしやま）とされる。

戸隠神社は戸隠山の麓に鎮座し、この天の岩戸隠れ神話にゆかりの神々を中心に祀っている。奥社・中社・宝光社・九頭龍社・火之御子社の5社からなるが、かつてはこれらの社殿のほかに仏堂や僧坊などもあり、多数の僧や修験者が居住していた。今も奥社への参道脇には大講堂の礎石や院坊の石積みが残

火之御子社…天の岩屋の前で踊った天鈿女命を祀る。芸道上達や火防・縁結びの御神徳で信仰されている。

神 天鈿女命、高皇産御霊命ほか
長野市戸隠
宝光社・中社より徒歩にて

宝光社…女性・子供の守り神で、技芸・安産などの御神徳をもつ天表春命（あめのうわはるのみこと）を祀る。

神 天表春命
長野市戸隠
JR長野駅よりバス約65分「戸隠宝光社」下車すぐ

九頭龍神社…地主神の九頭龍大神を祀る。隣りの奥社では戸隠神社の主祭神ともいえる天手力雄命を祀る。

神 九頭龍大神
長野市戸隠
JR長野駅よりバス約70分「戸隠奥社入口」下車、徒歩約40分

中社…天照大神にお出ましいただく為の方策を立てた知恵の神天八意思兼命を祀る。ここが神社の中心となっている。

神 天八意思兼命
長野市戸隠3506
JR長野駅よりバス約65分「戸隠中社」下車すぐ

奥社の参道と随神門（奥社側から参道入口方向を見る）。杉並木は江戸初期に植林されたもので、樹齢400年ほど。随神門は、神仏分離以前は仁王門と呼ばれていた。

戸隠神社
026-254-2001

当社の社紋は一見卍のように見えるが、正しくは鎌卍という。鎌を４本卍形に組み合わせたもので、水の恵みを田畑に配り豊作をもたらす御神徳を表している。

奥社と戸隠山

写真は奥社とその上にそびえる戸隠山。戸隠山は西岳・八方睨・五地蔵岳などの表山と乙妻山・高妻山などの総称で、最高峰は西岳（標高1904m）。

されている。これは戸隠山が修験道の一大霊地とされたからで、ここで修行を積むために各地から修行者が集まった。こうした神仏習合時代、戸隠神社は戸隠山顕光寺（けんこうじ）と呼ばれ、奥社・中社・宝光社はそれぞれ奥院・中院・宝光院といっていた。江戸時代には東叡山寛永寺の末寺となり、幕府の手厚い保護を受けている。しかし、神仏分離を機に仏教色はすべて排され、戸隠神社として再出発することに。また、女人禁制も廃された。

穂高神社（ほたかじんじゃ）

長野県

本宮の拝殿（右）と神楽殿。拝殿の奥の本殿は3社よりなり、中殿に穂高見命、左殿に綿津見命、右殿に瓊瓊杵命、別宮に天照大御神、若宮に安曇連比羅夫命を祀る。さらに相殿として御伽草子に登場するものぐさ太郎こと信濃中将も祀っている。

神 穂高見命、綿津見命、瓊々杵命
安曇野市穂高6079（本宮）
0263-82-2003
JR穂高駅より徒歩約3分（本宮）

海人氏族が創建した高原の古社

穂高神社は本宮が安曇野市穂高に、奥宮が上高地の明神池畔、嶺宮が北アルプス奥穂高岳山頂に鎮座している。まさに高原・山岳の神社だ。しかしながら、御祭神の穂高見命は海の神様なのである。

穂高神社を創建したとされる安曇族は、今の福岡を拠点として北九州で勢力を伸ばした海洋氏族で、大陸との海運を担っていた。これによって富と最新の文化を身につけた安曇族は各地に移住していった。安曇野もその1つである。

明神岳と明神池。池畔に鎮座する奥宮は日本アルプスの総鎮守、海陸交通守護の社として崇敬されている。

御嶽神社（王滝口）（おんたけじんじゃ（おうたきぐち））

長野県

王滝口里宮。一般に里宮は誰でも参拝できるように平地に建てられるが、御嶽神社は里宮も451段の急な石段の先にある。かつては登拝前の精進潔斎をするところで、岩戸権現と呼ばれていた。また、社殿の中には島崎藤村の「夜明け前」に取り上げられた天狗の面の額が掲げられている。

神 国常立尊、大己貴命、少彦名命
木曽郡王滝村3315
0264-48-2637・2660
JR木曽福島駅よりバス約40分「王滝」下車、徒歩約15分里宮へ

「王の御嶽」と呼ばれた霊峰の神を祀る社

「御嶽」と呼ばれる山は日本全国に存在しているが、単に「御嶽山」と言った場合は木曽の御嶽山を指す。霊峰中の霊峰という意味から「王の御嶽」と呼ばれ、「山では富士山、嶽では御嶽」とも言われてきた。

御嶽神社の歴史は、宝亀5年（774）に信濃の国司・石川望足が勅を奉じて登山し、疫病の退散を祈ったことに始まるとされる。近世には覚明・普寛という行者が黒沢口・王滝口を整備し、庶民でも信仰登山ができるようにした。

標高2940mの王滝頂上に鎮座する頂上奥社。大宝2年（702）に信濃国司・高根道基が創建したといわれる。

雄山神社（おやまじんじゃ）

富山県

霊峰・立山で伊邪那岐神と天手力雄神を祀る一宮

万葉歌人の大伴家持は、立山の歌を詠んでいる。「立山に降り置ける雪を常夏に　見れども飽かず神からならし」（立山に積もる雪は夏の間中ずっと見ていても飽きない。神の山だからこそ）

峰本社…日本三霊山の1つ立山山頂（標高3003m）に鎮座。

神 伊邪那岐神、天手力雄神／中新川郡立山町芦峅寺立山峰1番地／090-5178-1519／立山ケーブルカー美女平駅よりバス約50分「室堂ターミナル」下車、登山道徒歩約2時間

社伝によると、大宝元年（701）に越中の国司・佐伯有若の嫡男である有頼が立山両権現の霊示を受けて開山したことに始まるという。

平安時代には神仏習合の一大霊場となり、『梁塵秘抄』にも「験仏の尊きは東の立山」と詠まれた。その信仰は御師や修験者によって広められたが、彼らは薬も売り歩き、これが富山の薬売りの起源とされる。

中新川郡立山町芦峅寺2番地／076-482-1545／富山地方鉄道千垣駅よりバス約10分「雄山神社前」下車すぐ

中新川郡立山町岩峅寺1番地／076-483-1148／富山地方鉄道岩峅寺駅より徒歩約10分

射水神社（いみずじんじゃ）

富山県

伊勢神宮から譲り受けた外宮の「板垣北御門」の鳥居越しに拝殿を望む。現在、射水神社は高岡城の本丸跡に鎮座されているが、二上山麓からの遷座の際には二上の住民が別れを惜しみ、神輿に取りすがって泣いたとも伝えられ、遷座の2年後の明治10年（1877）に分社が創立された。

神 二上神（瓊瓊杵尊）
高岡市古城1-1（高岡古城公園内）
0766-22-3104
あいの風とやま鉄道高岡駅より徒歩約10分

二上山を御神体とする越中国の一宮

射水神社は高岡古城公園内に鎮座するが、その創建は高岡城よりはるかに古い。社伝によれば、太古より神の山とされてきた「二上山」に鎮座し、別当寺を含めた社寺は二上全山にわたったという。古くは二上神社と呼ばれており、二上山への信仰が基となって成立したものと思われる。現在は、御祭神の二上神は瓊瓊杵尊の別称とする。

越中国一宮・越中国総鎮守として信仰を集め、毎年初穂米一升二合奉納の制度があり、隆盛を極めたが、戦国期の兵乱で社殿などを焼失。その後、慶長15年（1610）に加賀藩主・前田利家が復興し、明治8年（1875）に現在地に遷座した。

なお、射水神社が鎮座する高岡古城公園には2700本の桜が植えられており、「日本さくら名所百選」にも選ばれている。

平泉寺白山神社

へいせんじはくさんじんじゃ

福井県

苔の絨毯が敷き詰められた杉木立の奥に建つ拝殿。最盛期の平泉寺の境内は、現在の10倍以上あり、そこに48社36堂が建ち並んでいたという。

白山信仰で栄えた越前の宗教都市

白山信仰の神社というと石川県の白山比咩神社（65ページ）を思い浮かべがちだが、加賀・越前・美濃にまたがってそびえる白山には、それぞれの国に登山口（馬場）があり、その周辺が白山信仰の拠点となってきた。中でも平泉寺白山神社が鎮座する越前口（越前馬場）は、修験僧・泰澄が修行をした地として知られており、多くの行者が集まった。

ちなみに、泰澄は越前生まれの山岳修行者で、越知山で修行をしていた時に白山の神の霊告を受けて登山を決意、養老元年（717）に山頂を極めて白山三所権現を祀ったという。

神仏分離以前、当社は霊応山平泉寺といい、平安末期には比叡山延暦寺の末寺となっていた。中世の最盛期の境内は東西1.2km、南北1kmに及び、こ

精進坂…一の鳥居に続く石段。この坂は俗界との結界で、ここより上は魚などの生臭物の持ち込みが禁止されていたためこの名がある。

本社…第12代福井藩主·松平重富によって寛政7年(1795)に再建。総欅造で、内部は鮮やかに彩られている。開帳は33年に1度。

若宮八幡宮の大杉…平泉寺7本杉の1つ。一向一揆の焼き討ちを生き延びた老木で、樹齢は450年と推定されている。樹高は22m、幹の太さは5.34mある。

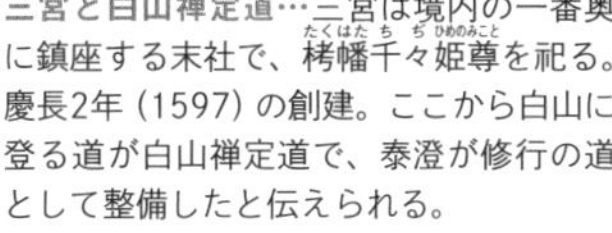

三宮と白山禅定道…三宮は境内の一番奥に鎮座する末社で、栲幡千々姫尊を祀る。慶長2年(1597)の創建。ここから白山に登る道が白山禅定道で、泰澄が修行の道として整備したと伝えられる。

こに48社36堂6000坊が建ち並んでいたという。

しかし、その壮大な境内も天正2年（1574）の一向一揆によって焼き払われてしまった。その後、豊臣秀吉の援助もあって復興し、近世には幕府や藩主の寄進も受けた。

さらに明治の神仏分離により白山神社と名を改め、境内から仏教色を排した。

なお、社務所の庭園は玄成院の庭だったもので、室町時代の枯山水庭園として国の名勝に指定されている。

神 伊弉冉尊
勝山市平泉寺町平泉寺56-63
0779-88-1591
えちぜん鉄道勝山駅よりバス約13分「平泉寺神社前」下車すぐ

写真提供：勝山市

若狭彦神社・若狭姫神社

わかさひこじんじゃ・わかさひめじんじゃ

福井県

若狭姫神社の社殿は享和2年(1802)の造営。瑞垣内に立つ樹高約40mの千年杉は、不老長寿の象徴とされている。

若狭姫神社

神 若狭姫大神(豊玉姫命)
小浜市遠敷65-41
0770-56-1116
JR東小浜駅より徒歩約10分

2社一対で若狭国を治める夫婦神

2社で一対になっている神社が案外多い。たとえば内宮と外宮で構成される伊勢神宮がそうであるし、上賀茂神社と下鴨神社の2社からなる賀茂神社もこの例に当たる。和歌山の日前神宮・國懸神宮などは1つの境内に2社が並んで鎮座している。若狭彦神社・若狭姫神社はそれぞれ若狭国の一宮と二宮とされているが、上社・下社とも呼ばれており、一対の神社として機能していたと考えられる。この2社で若狭国の神社制度を統括していたのであろう。

この2社は夫婦神を祀っている。若狭彦大神は山幸彦こと彦火火出見尊、若狭姫大神は豊玉姫命のことだとされる。『古事記』『日本書紀』の神話では彦火火出見尊は兄の釣り針を探して海神の宮に行き、そこで豊玉姫命と出会って結ばれるのだが、社伝では若狭彦大神・若狭姫大神は近くを流れる遠敷川の岩の上に現れたのだという。なぜか夫婦神の出現は時期がずれており、彦大神は霊亀元年(715)、姫大神は養老5年(721)で、それぞれの年に神社が創建されたとしている。

若狭彦神社

神 若狭彦大神(彦火火出見尊)
小浜市竜前28-7
0770-56-1116
JR東小浜駅より徒歩約25分

若狭彦神社の神門と本殿。本殿は文化10年(1813)再建。両社とも、一歩境内に入ると俗界から遠く離れた聖域にいるようだ。

久能山東照宮（くのうざんとうしょうぐう）

静岡県

石段上に建つ唐門（重文）。この奥に国宝の御社殿がある。石段下の白梅は実割梅といい、家康公が駿府城で自ら育てたもの。明治9年(1876)に移植された。

社殿群は山の斜面に従って階段状に並んでいる。日本平よりロープウェイで久能山へ渡り、ご本殿まで100段の石段を登る。

神 徳川家康公（東照公）、豊臣秀吉公、織田信長公
静岡市駿河区根古屋390
054-237-2438
JR静岡駅よりバス約50分「日本平」下車、ロープウェイ約5分「久能山」下車すぐ

寺院から城へ、そして最初の東照宮となった久能山

元和2年（1616）4月17日、天下を統一して幕府を開いた戦国の覇者・徳川家康公は駿府城で薨去した。この時、家康公はこんな御遺言を残したという。「遺体は久能山に納め、葬式は増上寺で行い、一周忌を過ぎた後に日光に小堂を建ててわが霊を勧請せよ」

この御遺言に従って、亡くなったその夜のうちに御遺体は久能山に埋葬され、翌年の12月には廟の前に社殿が完成した。これが当宮の起源であり、日光など各地にある東照宮のはじまりである。

もともと久能山には補陀洛山久能寺という、推古天皇の御代の創建と伝わる寺院があり、平安時代末期から鎌倉時代初期にかけて、特に栄えたという。しかし、ここを所領とした武田信玄は、寺を移して久能城を築城。武田氏滅亡後、城は徳川家のものとなっていた。家康公はここが古くからの霊験あらたかな土地であることを見抜き、自らの廟地と定めたのだろう。

日光東照宮創建以後も幕府の当宮への崇敬は変わらず、寛永13年（1636）には3代将軍家光公寄進の五重塔が完成（現存せず）。8代将軍吉宗公、14代将軍家茂公、15代将軍慶喜公も名のある名刀を奉納している。

表参道。山下石鳥居より本殿前まで17曲り1159段ある。日本平ロープウェイができるまではこれが唯一の参拝路だった。

小嵐稲荷神社（こあらしいなりじんじゃ）　長野県

山仕事の無事を守るため伏見から勧請

小嵐稲荷神社の起源は天明（てんめい）8年（1788）に遡る。この年、京都では大火があり、御所や二条城、東西両本願寺も被災した。東本願寺は遠山の木を用いて再建することに決めたが、大量の木を切り出すのは危険な作業となるため、無事に乗り切れるよう願い、この地に伏見稲荷大社の分霊を勧請した。

その後、秋葉街道をゆく旅人の信仰を集めた。

参道の鳥居。ごく普通の鳥居であるが、風雨にさらされて神寂びた雰囲気をただよわせている。社殿の周囲には奉納された小鳥居が無数にある。

社殿内部。願掛けをする時には、社殿内の白狐像を1体借り受け、成就すると2体にして返すという。

神 宇迦之御魂大神
飯田市南信濃木沢
0260-34-1071（遠山郷観光協会）
JR平岡駅よりタクシー約30分

白鳥神社（しらとりじんじゃ）　静岡県

樹齢約800年のビャクシンの大木

白鳥神社の御祭神は猿田彦大神、もしくは日本武尊と妃の弟橘姫命という説がある。創建の由来は不明だが、鎮座地に白鳥（尊の化身）が飛んできたとの伝説が残る。また、当社に渡航安全と安産守護という御神徳があることから、弟橘姫命が当社の沖で産気づき、ここに上陸して出産したのかもしれない。

なお、安産祈願をする時は、夫婦でおみくじを引いて穴あきの柄杓を借り、無事出産すると新しい柄杓と麻紐を携えてお礼参りをするという。

石段の上の社殿。棟札には『寛永（かんえい）2年（1625）9月7日「奉建立本地十一面観音白鳥大明神」』とある。社殿にはたくさんの柄杓がかかっている。

境内の入口に立つビャクシンの大木（県指定天然記念物）。樹齢約800年、幹回り約4m、高さ約10m。

神 猿田彦大神、日本武尊、弟橘姫命
賀茂郡南伊豆町妻良1387
0558-62-0141（南伊豆町観光協会）
JR下田駅よりバス約50分「吉田口」下車、徒歩約50分

雲見淺間神社

くもみせんげんじんじゃ

静岡県

山頂の展望台から社殿と雲見海岸を見る。天気がよければ、南には駿河湾と太平洋、西には南アルプス、北には富士山が一望できる。

富士山の女神の姉を祀る
伊豆半島西端の神社

「浅間」とつく神社は富士山に鎮座するといわれる女神・木花開耶姫命を祀ることが多いが、当社は姉の磐長姫命を祀る。『古事記』『日本書紀』はこの女神の悲しい神話を伝えている。

　天照大神の孫の瓊瓊杵尊は地上統治の神勅を受けて天下った時、木花開耶姫命と出会い、一目惚れをした。妻に迎えたいと父神の大山祇神に申し出ると、父神は喜んで「姉の磐長姫命とともに妃にお迎えください」と答えた。ところが瓊瓊杵尊は磐長姫命が醜かったため木花開耶姫命のみを留めて、姉は返してしまった。怒った父神は「妹によって花のように栄え、姉によって岩のように長生きするようにと、姉妹そろって献上しましたのに、妹のみ妻として姉を帰したからには花のように短い寿命となりましょう」と言った。

　このようないわれから磐長姫命は妹の木花開耶姫命のことを嫉妬しているとされ、当社の神域で富士山を誉めるとケガをするといわれている。しかし、それは磐長姫命への同情心が生んだ伝説で、事実ではあるまい。当社の御祭神は、日本一になりたいという木こりの願いをかなえたとの伝承もある心優しい女神だからだ。

参道入口に立つ鳥居。雲見浅間神社が鎮座する烏帽子山は標高162m。拝殿まで石段が130段、中之宮まで320段。さらに山頂近くの本殿まで約10分の山道となる。

神　磐長姫命
賀茂郡松崎町雲見386-2
0558-42-0745（松崎町観光協会）
伊豆箱根鉄道修善寺駅よりバス約50分「松崎」乗換、バス約20分「雲見温泉」下車、徒歩約4分

Column ③

全国 神社の祭

古より日本全国で受け継がれてきた数多の「祭」。祭とは神と人とが出会う場であり、神はその神威を高め、人はその霊威に浴する。

お山参詣…岩木山神社（青森県弘前市）の祭。旧暦8月1日に岩木山に登る祭であるが、たんに登るだけではなく、地区ごとに隊列を整え太鼓・笛・鉦で登山囃子を奏でながら岩木山神社へ行進する。そして、旧暦1日の未明、岩木山へ登り山頂でご来光を拝む。

祭は「まつらふ」こと 神を饗応すること

祭というと、神輿や山車の巡行や神楽奉納、参道に立ち並ぶ夜店といった賑やかな場面を思い浮かべるが、それらは祭の本質的な部分ではない。実は、祭の一番大事な部分は、神職のみでひっそり行われていることが多い。

祭の語源は「まつ」あるいは「まつらふ」にあるとされる。神の出現を待ち、神をもてなすということである。豊作・豊漁や災害の除去などの願いを神にかけるとき、古代の人々はまず神の出現を願った。そして、降臨した神を饗応し、神威を高めてもらうことによって、自分たちの願いをかなえてもらおうとしたのである。神社の起源もここに求めることができる。

当初、神を祀る依り代（神籬）などの施設は祭を行う時のみ設置され、祭がすめば片づけられた。

やがて祭のたびに神を招くのではなく、しかるべき聖地に常設の施設を造り、ここに留まってもらうようになった。これが神社の始まりとされる（異なる説もある）。

木幡の幡祭…隠津島神社（福島県二本松市）で12月の第1日曜日に行われる祭で、国指定重要無形民俗文化財。戦いに敗れ隠津島神社に逃げ込んだ源頼義・義家親子が、御祭神の御加護により追っ手を追い払うことができたという故事に基づく祭で、五色の幡をたなびかせた烏帽子姿の男たちが練り歩く。この祭は成人儀礼の面もあり、権立と呼ばれる初参加の者は女物の赤い着物を着て男根を模した太刀を持ち、胎内くぐりや羽山籠もりといった試練をうける。

上賀茂神社の御阿礼神事と神輿巡幸

神を招いて祭を行う形を今も残しているところがある。たとえば、上賀茂神社の御阿礼神事。有名な葵祭に先立って行われるもので、丸山の山中の聖地から神が迎えられる。神は毎年新たな生命を得て再生するという信仰に基づく神事である。

神は毎年、再生するという考え方はほかの神社にもみられるが、神迎えの形ではなく、神輿巡幸の形をとることが多い。神輿巡幸の意味は祭によって異なるが、模式的にいうと、社殿での神事で生命力（神威）を増して再生した神が、神輿に乗って氏子・崇敬者のところを回って除災招福をもたらす儀礼といえる。

秩父夜祭…12月2·3日に行われる秩父神社（埼玉県秩父市）の祭。秩父神社の妙見様と武甲山の神の神婚を表すとされ、4基の屋台と2基の笠鉾が巡幸する。日本三大曳山祭の1つでユネスコ無形文化遺産。

くらやみ祭…大國魂神社（東京都府中市）で5月5日に行われる祭。かつては深夜、町中の明かりが消された中を神輿が渡御したことから、この名がある。大國魂大神の降臨を再現する祭とされる。

尾張津島天王祭…津島神社（愛知県津島市）で7月第4土曜日とその翌日に行われる祭。だんじりを載せた船が天王川を渡るのが最大の見せ場で、宵祭では提灯を菊の花のように飾りつけた巻わら船が夜の川を漕ぎ渡り、朝祭では飾りを能の出し物に変えた船が漕ぎ戻る。織田信長や豊臣秀吉も見物した祭で、日本三大川まつりの1つ、ユネスコ無形文化遺産。

高山祭…岐阜県高山市で行われる山王祭（春の高山祭）と八幡祭（秋の高山祭）の総称。山王祭は日枝神社の例祭で4月14·15日、八幡祭は櫻山八幡宮の例祭で10月9·10日。

写真提供：高山市

豊作を祈り感謝する祭と特殊神事

神社の祭は大きく2種類に分けることができる。1つは神社共通の年中行事で、その中でも豊作を祈願する祈年祭と収穫祭の新嘗祭が典型的な日本の祭といえる。

もう1つはその神社特有の祭で、毎年決まった日に行われるものを例祭といい、特別な儀礼や次第で行われるものを特殊神事という。

祭は毎年決まった時期に行われ、氏子たちは歳を重ね、祭の経験を積むごとに重要な役を担うようになる。

祭には村落単位で行われるものから多くの観光客を集めるものまでさまざまだが、近年は氏子の減少で存続が困難となる祭も多い。

祇園祭…7月1日から31日にわたって行われる八坂神社（京都市）の祭。疫病退散を祈る祭で、貞観11年（869）に始まったとされる。華麗な山鉾巡行で知られる。日本三大祭の1つ。山鉾巡行はユネスコ無形文化遺産。

葵祭…5月15日に行われる賀茂御祖神社（下鴨神社）と賀茂別雷神社（上賀茂神社）の例祭。欽明天皇の御代に始まったとされ、宮中の儀、路頭の儀、社頭の儀の3部からなるが、現在は路頭の儀と社頭の儀が行われている。路頭の儀の行列が古来有名。

西条まつり…愛媛県西条市で10月に開催される祭の総称（写真は伊曽乃神社例大祭）。伊曽乃神社例大祭は、見事な装飾を施した約80台のだんじりと神輿が出るほか、金糸銀糸で飾り立てた御輿太鼓が大挙して境内に押し寄せる。

火振り神事…3月申の日に阿蘇神社（熊本県阿蘇市）で行われる田作祭の神事。松明で妃神を迎えるもので、阿蘇における春の風物詩として有名。

写真提供：熊本県　　※写真は平成28年熊本地震前の様子。背景の楼門は現在復旧工事中。

第四章 近畿の神社

初代神武天皇の即位以来、近世まで国の中心として栄えてきた近畿。歴史の中心でもあり続けた都とその周辺では、多くの神々が祀られ、信仰されてきた。

五十鈴川に架かる宇治橋。内宮への入口であり、日常と聖域を結ぶ橋でもある。20年に1度の式年遷宮に際しては、社殿などに先立って掛け替え（造替）がなされる。

伊勢神宮（内宮・外宮）

三重県

写真提供：神宮司庁

全国の神社の本宗たる伊勢の神宮

実は「伊勢神宮」は通称である。正しくは神宮という。神宮は天照大御神を祀る皇大神宮（内宮）と豊受大御神を祀る豊受大神宮（外宮）、それに14所の別宮、43所の摂社、24所の末社、42所の所管社、計125の宮社からなっている。

その起源は天照大御神の天の岩戸隠れにさかのぼる。この時に天照大御神を岩屋の中から外へ誘い出すために作られた御神宝の1つが八咫鏡であった。八咫鏡は天照大御神から瓊瓊杵尊に「私を見るがごとくに祀れ」という神勅とともに授けられ、地上へともたらされた。

歴代天皇もこの神勅に従って宮中で祀っていたのだが、崇神天皇の御代に皇居外で祀るのがよいということになり、ひとまず大和の笠縫邑に遷座した。

次の垂仁天皇の御代に天照大御神に仕えた倭姫命は、大御神にふさわしい鎮座地を求めて各地をめぐったが、伊勢に辿り着いた時、「伊勢国は常世の浪の重浪帰する国なり。ここに居らむと欲う」という大御神の託宣を受け、五十鈴川の上流に宮を建てた。これが神宮の起源だとされる。

外宮の御正宮。鳥居の奥に建つのは外玉垣南御門。この内にさらに２つ門があり、その奥に御正殿がある。

皇大神宮（内宮）

- 神 天照大御神
- 伊勢市宇治館町1
- 0596-24-1111（神宮司庁）
- JR・近鉄伊勢市駅よりバス約20分「内宮前」下車すぐ、または近鉄五十鈴川駅より徒歩約30分

豊受大神宮（外宮）

- 神 豊受大御神
- 伊勢市豊川町279
- 0596-24-1111（神宮司庁）
- JR・近鉄伊勢市駅よりバス約3分「外宮前」下車すぐ

神 天津彦根命（本宮）、天目一箇神（別宮）／桑名市多度町多度1681／0594-48-2037／養老鉄道多度駅より徒歩約20分

多度大社（たどたいしゃ）

三重県

多度祭りで有名な北伊勢大神宮

多度山の麓に鎮座する多度大社は雄略天皇の御代に社殿が建てられたと伝えられる。『延喜式』では「名神大社」に列せられ、隆盛を極めたが、織田信長の長島一向一揆平定の際、兵火に罹り焼失したが、代々の桑名藩主の寄進により、復興を遂げた。

5月に行われる境内の急坂を人馬一体となって駆け上がる「上げ馬神事」は特に有名である。

敢國神社（あえくにじんじゃ）

三重県

あべ姓の総祖神でもある伊賀国の一宮

主祭神の大彦命は孝元天皇の第一皇子で、崇神天皇が諸国平定のために派遣した四道将軍の一人。北陸を平定したのち伊賀に入り、一族の者とともに住み着いたという。そこが阿拝郡であったことから阿拝氏を名乗り、ここから安倍・阿部などの姓が出たとされる。

配神には、少彦名命、金山比咩命が祀られている。

神 大彦命、少彦名命、金山比咩命／伊賀市一之宮877／0595-23-3061／JR佐那具駅より徒歩約25分

多賀大社（たがたいしゃ）

滋賀県

お多賀様へは月参りと親しまれた近江の社

『古事記』によると、日本の国土や神々を生んだ伊邪那岐大神と伊邪那美大神は、「淡海の多賀」に鎮まられたという。鎌倉時代には、東大寺の再建を託された俊乗坊重源が当社で延命長寿を、また戦国時代には、豊臣秀吉が母の大政所の病気平癒祈願をしている。近世には庶民にも信仰が広まり、「お伊勢七度、熊野へ三度、お多賀さまへは月参り」と謡われた。

神 伊邪那岐大神、伊邪那美大神／犬上郡多賀町多賀604／0749-48-1101／JR・近江鉄道多賀大社前駅より徒歩約10分

日吉大社（ひよしたいしゃ）

滋賀県

比叡山に鎮まる日吉・日枝神社の総本宮

比叡山というと天台宗の総本山延暦寺を連想するが、もともとは大山咋神が鎮座する霊山であることが『古事記』にも書かれている。古くから朝廷の崇敬を受け、天智天皇は大津への遷都に際して三輪山から大己貴神の神霊を勧請して当社に合祀した。平安遷都以後は都の表鬼門を守る社として、また、天台宗の守護神としても信仰された。

神 大己貴神、大山咋神ほか／大津市坂本5-1-1／077-578-0009／京阪坂本比叡山口駅より徒歩約10分、またはJR比叡山坂本駅より徒歩約20分

北野天満宮

きたのてんまんぐう

京都府

御本殿。拝殿と奥の本殿を石の間でつなぎ、総檜皮葺の屋根で連結した八棟造。桃山時代らしい華麗な社殿で国宝に指定されている。一年を通して学生や崇敬者らの参拝が絶えない。

菅原道真公を祀る全国天満宮の総本社

北野天満宮は、学問の神として広く信仰を集めてきた菅原道真公（菅公）を御祭神とする全国約一万二千社の天満宮、天神社の総本社。平安京の最も重要な北西（乾の方角）「天門」に位置し、古来より天神地祇の神々を祀る聖地であり、天神信仰発祥の地として崇敬されている。

創建は平安時代、天暦元年（947）に、多治比文子、比良宮の神主・神良種、北野朝日寺の僧・最珍らが現在の地に社殿を建て、菅公をお祀りしたのが始まりとされる。永延元年（987）には一條天皇の勅使が派遣され、国家の平安が祈念された。この時から「北野天満大自在天神」の神号が認められ、国家国民を守護する霊験あらたかな神として崇められてきた。

江戸時代には、読み書き算盤を教える寺子屋が普及し、そこに天神さまがお祀りされ、菅公の「御神影」が掲げられた。現在も「学問の神さま」、「芸能の神さま」として広く祈願され、受験シーズンには、大勢の参拝者が訪れる。

北野天満宮の境内西側には、天正19年（1591）に豊臣秀吉公が築いた土塁「御土居」の一部が残り、史跡に指定されている。御土居一帯は紅葉の名所として知られ、樹齢350年から400年の古木をはじめとする約400本のもみじが赤や黄に色づき、見事な眺めを見せる。

- 神 菅原道真公
- 京都市上京区馬喰町
- 075-461-0005
- 京福北野白梅町駅より徒歩約5分

※二十二社…平安時代以降、朝廷より特別の崇敬を受けた畿内の22の神社。

八坂神社（やさかじんじゃ）

京都府

京の夏を彩る祇園祭で有名な王城鎮護の社

祇園祭は日本でもっとも有名な祭の1つといっても過言ではないが、これが八坂神社の祭だということは案外知られていない。祇園という町名の由来ともなった八坂神社であるが、その始まりは小さな社であった。

社伝によると、斉明天皇2年（656）に高麗より来日した伊利之が、新羅国の牛頭山に鎮座する素戔嗚尊の御神霊を山城国愛宕郡八坂郷に奉斎したのが当社の始まりとする。やがて当社は祇園社または感神院と呼ばれるようになった。

貞観11年（869）、都に疫病が流行したため、神泉苑に当時の国の数66本の矛を立てて祇園の神を迎えて祀り、災厄の除去を祈願した。これが祇園祭の始まりである。

国宝の本殿。祇園社（感神院）は神仏習合色の強い神社であったが、明治の神仏分離で仏教を排し、社名も八坂神社に改めた。なお、祇園祭で山鉾が巡行するのは、貞観11年（869）、神泉苑に当時の国の数66本の矛を立てたことに由来する。

神 素戔嗚尊、櫛稲田姫命、八柱御子神ほか
京都府京都市東山区祇園町北側625
075-561-6155
京阪祇園四条駅より徒歩約5分、または阪急京都河原町駅より徒歩約8分

上賀茂神社・下鴨神社（かみがもじんじゃ・しもがもじんじゃ）

京都府

上賀茂神社の楼門。前を御物忌川の清流が流れ、御手洗川と合流。その水面に朱塗りの社殿や紅葉が映える。

平安遷都以前から京を見守ってきた親子三代の神

上賀茂神社は雷の御神徳を持つ賀茂別雷大神を祀り、下鴨神社では賀茂別雷大神の母神と外祖父神を祀る。ともに京都を代表する古社で、桓武天皇の平安遷都後は、伊勢の神宮に次ぐ処遇を受けた。

創建年代は不詳だが神代にさかのぼるという。また文武天皇2年（698）の葵祭に見物人が集まりすぎたという記録も残っており、遷都以前から京を守る神社であったことがわかる。王城鎮護の二十二社、山城国一宮に選ばれている。

上賀茂神社（賀茂別雷神社）

神 賀茂別雷大神
京都市北区上賀茂本山339
075-781-0011
市営地下鉄北大路駅・北山駅よりバス約10分

下鴨神社（賀茂御祖神社）

神 賀茂建角身命、玉依媛命
京都市左京区下鴨泉川町59
075-781-0010
叡山電車・京阪出町柳駅より徒歩約12分

下鴨神社の参道を包むように広がる糺の森。約3万6千坪あり、遷都以前の古代の植生を残す。

伏見稲荷大社

京都府

稲荷山の麓に鎮座する稲荷社の総本宮

和銅4年（711）に渡来系氏族の秦伊侶巨（具）が稲荷山に神を祀ったことを起源とする。天長4年（827）には、東寺の塔の造営のために稲荷山の木を切った祟りで淳和天皇の体調が崩れるということがあり、朝廷からも崇敬されるようになった。近世には庶民の間にお稲荷さんが勧請され、稲荷信仰が広まった。二十二社の一社。

神 稲荷大神／京都市伏見区深草薮之内町68／075-641-7331／JR稲荷駅下車すぐ、京阪伏見稲荷駅より徒歩約5分

石清水八幡宮

京都府

王城鎮護の神にして武士の守護神

貞観元年（859）、大安寺の僧・行教は豊前国（大分県）の宇佐神宮で八幡大神の託宣を受け、その分霊を男山に祀った。翌年には朝廷が社殿を建て、男山が京の都の裏鬼門に当たることから王城鎮護の二十二社のなかでも特に朝廷から篤く崇敬された。さらには平将門の乱の鎮定に霊験を現したことなどから、武門の神として武士の崇敬も集めた。

神 応神天皇、比咩大神、神功皇后ほか／八幡市八幡高坊30／075-981-3001／京阪石清水八幡宮駅より参道ケーブル乗換約3分「八幡宮山上駅」下車、徒歩約5分

松尾大社

京都府

酒造の神でもある京都最古の神社

かつて丹波国は大きな湖であったが当社の御祭神・大山咋神が保津峡を開いて水を山城国に流したので、丹波には沃野が広がり、山城は水で潤ったと伝えられる。この神話は秦氏が丹波・山城を開拓したことを表しているとされ、この秦氏が総氏神として創建したのが当社だという。秦氏はまた酒造にすぐれていたため酒造神としても信仰されている。

神 大山咋神、市杵島姫命（中津島姫命）／西京区嵐山宮町3／075-871-5016／阪急松尾大社駅より徒歩約3分

貴船神社

京都府

縁結びでも知られる氣生根の水の神様

社伝によれば、太古の昔の丑の年丑の月丑の日に貴船山中の鏡岩に御祭神が降臨したという。以来、水の神の高龗神を祀ることから、祈雨止雨に霊験があると信じられ、日照りや長雨の際には勅使が派遣され、神前に馬が奉納された。また、「氣生根」とも書かれることから運気を隆昌させる御神徳があると信じられ、縁結びの神としても信仰を集めている。

神 高龗神、磐長姫命／京都市左京区鞍馬貴船町180／075-741-2016／叡山電車貴船口駅よりバス約5分「貴船」下車、徒歩約5分

春日大社

奈良県

国家繁栄と国民の平和を祈る御蓋山（春日山）の古社

春日大社の御本殿には4柱の御祭神が合わせて祀られている。鹿島の武甕槌命、香取の経津主命、枚岡の天児屋根命・比売神である。このうち武甕槌命は鹿島より鹿に乗って来たとされ、この御由緒から奈良公園一帯の鹿も神使とされてきた。

全国に約3000社ある春日神社の総本社。平安時代から今日に至るまで奉納された燈籠は3000基を数えるという。

神 春日神（武甕槌命、経津主命、天児屋根命、比売神）／ 奈良市春日野町160／ 0742-22-7788／ JR・近鉄奈良駅よりバス約11〜15分「春日大社本殿」下車すぐ

石上神宮

奈良県

御祭神は神剣の霊威 日本最古の神社の一つ

当宮は大和朝廷の軍事を司った物部氏が、総氏神として崇神天皇7年（紀元前91）に創建したという。御祭神は神武天皇の東征を助けた神剣の霊威（布都御魂大神）、物部氏の神宝の霊力（布留御魂大神）、素盞嗚尊が八岐大蛇を退治するのに用いた剣の威霊（布都斯魂大神）の3柱。健康長寿・除災招福・起死回生の守護神としても信仰された。

神 布都御魂大神、布留御魂大神、布都斯魂大神、宇摩志麻治命、五十瓊敷命、白河天皇、市川臣命／ 天理市布留町384／ 0743-62-0900／ JR・近鉄天理駅よりバス約7分「石上神宮前」下車、徒歩約5分、タクシー約5分

大神神社

奈良県

拝殿と巳の神杉。大神神社は三輪山を御神体とするので本殿はなく、三輪山を拝するための拝殿のみがある。神杉には大物主大神の化身の白蛇が住むとされ、参拝者は卵を供えていく。

神 大物主大神、大己貴神、少彦名神
桜井市三輪1422
0744-42-6633
JR三輪駅より徒歩約5分

大国主大神の国造りを助け大和に鎮座した神

『古事記』『日本書紀』によると、当社の御祭神・大物主大神は、大国主大神が、国造りのパートナーだった少彦名神が常世国に去ってしまったことを悲しんでいるところに出現したという。そして、自分を三輪山に祀れば国造りはうまくいくと述べたとされる。これが当社の起源で、朝廷の崇敬も篤く、都が平城京・平安京と移っても変わらなかった。平安時代には王城鎮護の二十二社の一社に選ばれ、さらに大和国一宮ともされた。

三輪山。御諸山ともいう。標高467m。美しい円錐形をした典型的な神奈備山（神が宿る山）。

住吉大社

大阪府

4棟がL字に並ぶ本殿（国宝）。伊勢神宮御正殿の神明造、出雲大社本殿の大社造とともにもっとも古い社殿形式とされる住吉造で建てられている。

神 住吉大神（底筒男命、中筒男命、表筒男命）、息長足姫命（神功皇后）
大阪市住吉区住吉2-9-89
06-6672-0753
阪堺電気軌道住吉鳥居前駅下車すぐ、または南海鉄道住吉大社駅より徒歩約3分

商都大阪の基礎を作った航海の守護神

住吉大神とは伊弉諾尊が海で禊をされた時に海の底・海中・海面で生まれた底筒男命・中筒男命・表筒男命の3柱の神のことをいう。神功皇后が新羅へ遠征した際に戦いを勝利に導いた航海の守護神だと伝わる。神功皇后は遠征の帰途、神託により現在の地に住吉大神を祀ったとされ、これが当社の起源だという。その後、神功皇后も合祀された。10月17日に行われる宝之市神事は神功皇后が始められた日本最古の市とされ、商都大阪の起源ともいう。

表参道に架かる反橋。住吉大社の象徴で、長さ約20m、高さ約3.6m。

枚岡神社

大阪府

神武天皇が創建した藤原氏の祖神の社

社伝によると、神武天皇の東征の折、中臣家遠祖の天種子命に命じて神津嶽に中臣（藤原）氏の祖神である天児屋根命と比売御神を祀らせたのが始まりという。白雉元年（650）に麓の現在地に遷座。貞観元年（856）に天児屋根命の神階が正一位の極位に至るなど朝廷の崇敬篤く、明治時代には官幣大社に列した。河内国一之宮。

神 天児屋根命、比売御神、経津主命、武甕槌命／東大阪市出雲井町7-16／072-981-4177／近鉄枚岡駅下車すぐ

生國魂神社

大阪府

日本国土の神霊を祀る大阪最古の神社

日本国土の神霊、生島大神・足島大神を祀る大阪最古の神社。第一代・神武天皇が東征の折に大阪湾に浮かぶ難波碕（現・大阪城一帯）に両神を祀ったことに始まる。その後、難波大社として朝廷の崇敬極まるが、天正8年（1580）、織田信長の石山合戦で被災。天正11年に豊臣秀吉の大阪城築城により当社を現在地に遷座復興。

神 生島大神、足島大神、大物主大神／天王寺区生玉町13-9／06-6771-0002／大阪メトロ谷町九丁目駅より徒歩約4分、または近鉄大阪上本町駅より徒歩約9分

日前神宮・國懸神宮（ひのくまじんぐう・くにかかすじんぐう）

和歌山県

一つの境内に２社が並んで御鎮座しており（西側に日前神宮、東側に國懸神宮）、社殿の形や配置は鏡に映したように同じに造られている。

神 日前大神、國懸大神、思兼命、石凝姥命、玉祖命、明立天御影命、鈿女命
和歌山市秋月365
073-471-3730
和歌山電鐵日前宮駅より徒歩約1分

八咫鏡とともに造られた鏡を御神体とする

天照大御神が天の岩戸に隠れてしまわれた時、神々は鏡を鋳造して大御神を外へ誘い出すことにした。この鏡が三種の神器の１つの八咫鏡であるが、同時にもう２枚の鏡も造られた。それが日前神宮・國懸神宮の御神体だという。その後、両鏡は天孫降臨の際に地上に降ろされ、神武天皇の御即位後、紀伊国造の祖・天道根命によって紀伊国名草郡毛見郷に奉祀された。現在の地に遷座したのは崇神天皇51年のことと伝わる。

毎年7月26日夕刻より開催される日前宮薪能。神楽殿の周囲に忌み火がともされ幽玄の世界が演じられる。

伊太祁曽神社（いたきそじんじゃ）

和歌山県

国土を青山にした神様を祀る紀伊国一宮

『日本書紀』などによると、素戔嗚尊の御子神の五十猛命は高天原から樹木の種をもって天下り、日本の各地をめぐって植えていったという。つまり、日本の山々が木々で青々としているのは五十猛命のおかげ。それゆえ有功神（大変に功績のあった神）と呼ばれている。現在の地には和銅６年（７１３）に遷座したという。紀伊国一宮。

神 五十猛命（大屋毘古神）、大屋津比売命、都麻津比売命／和歌山市伊太祈曽558／073-478-0006／和歌山電鐵伊太祈曽駅より徒歩約5分

竈山神社（かまやまじんじゃ）

和歌山県

神武天皇の兄君を祀る和歌山三社参りの一社

当社の御祭神の彦五瀬命は神武天皇の兄君で、天皇とともに大和平定のため奮戦していたが、雄水門で戦死し竈山に葬られた。その功を讃えて神霊を祀ったのが当社で、日前・國懸神宮、伊太祁曽神社と並んで和歌山三社と呼ばれてきた。明治以降、官幣大社となり陵墓は現在、宮内庁の管理となっている。

神 彦五瀬命、神日本磐余彦命、御毛入沼命ほか／和歌山市和田438／073-471-1457／和歌山電鐵竈山駅より徒歩約9分、または和歌山南スマートICよりタクシー約5分

熊野三山(くまのさんざん)

和歌山県

熊野川(くまのがわ)・音無川(おとなしがわ)・岩田川(いわたがわ)が合流する場所に広がる中州、大斎原(おおゆのはら)。かつて熊野本宮大社はここに鎮座していた。しかし、明治22年(1889)の洪水で社殿を流され、現在地に遷座した。

写真提供：熊野本宮観光協会

上皇も修験者も庶民も目指した聖地・熊野

熊野三山といっても出羽三山のように3つの霊山があるわけではない。ここでいう「山」とは霊地(神社)の意味で、熊野本宮大社・熊野速玉大社・熊野那智大社の三社のことを指す。

熊野への信仰は平安時代に入ると急速に広まり、山岳で修行を積む修験者はもちろん、上皇・法皇も遠さを厭わず繰り返し参詣をした。庶民もまた全国から集まり、その様子は「蟻の熊野詣(もうで)」といわれた。

本来、その熊野の神が一番最初に降臨されたのは、和歌山県新宮市の神倉(かみくら)神社の御神体・ゴトビキ岩と伝わる。

熊野本宮大社の主祭神・家津(けつ)美御子大神(みみこのおおかみ)(素戔嗚尊(すさのおのみこと))がいつ熊野に鎮座されたのかは明らかではないが、当大社の旧社地である大斎原と呼ばれる中洲にあったかつての境内には、5つの社殿のほか楼門、神楽殿、能舞台などがあり壮麗であったという。

熊野本宮大社(くまのほんぐうたいしゃ)

神 家津美御子大神(素盞嗚尊)
田辺市本宮町本宮1110
0735-42-0009
JR新宮駅よりバス約80分「本宮大社前」下車すぐ

洪水の被害を免れた上四社を移築した社殿。

境内入り口に立つ大鳥居。

写真提供：和歌山県

日本一の那智の滝と火祭の大社

那智の滝は水量・落差ともに日本一。その壮大な姿ゆえに古くから信仰の対象とされ、神として崇められてきたが、熊野那智大社の御神体ではない。別宮の飛瀧神社の御神体だ。

熊野那智大社の起源は神日本磐余彦命（神武天皇）の東征にさかのぼる。熊野の丹敷浦に上陸された命は、光り輝く山に向かい、那智の滝を見つけたという。その後、熊野の神が光ケ峰に降臨されたので、仁徳天皇5年（317）に社殿が築かれた。隣接する青岸渡寺は西国三十三所霊場の第1番札所である。

落差133mの那智の滝。大滝、那智一の滝ともいう。周辺には滝が60ほどもあり、そのうち48滝が行場になっていた。

写真提供：和歌山県

扇祭・火祭とも呼ばれる熊野那智大社の例祭で、重要な役割を果たす扇神輿が飛瀧神社拝殿前に置かれたところ。

熊野那智大社

- 神 熊野夫須美大神（伊弉冉尊）
- 東牟婁郡那智勝浦町那智山1
- 0735-55-0321
- JR紀伊勝浦駅よりバス約30分「那智山」下車すぐ

熊野川を背に鎮座する社殿。かつては大斎原から舟で下って参詣していた。

熊野速玉大社

- 神 熊野夫須美大神、熊野速玉大神
- 新宮市新宮1
- 0735-22-2533
- JR新宮駅より徒歩約15分

写真提供：和歌山県

熊野信仰の根源と仰がれる神々降臨の地

熊野速玉大社は新宮とも呼ばれるが、本宮や那智大社より新しい宮という意味ではない。神代に熊野の神々のゴトビキ岩への降臨があり、その後、景行天皇の御代に熊野速玉大社の社地に初めて真新しい社殿を建てたので新宮というのである。

神々が最初に鎮座した地であるためか、当大社の祭は、原始信仰を色濃く残している。10月16日に行われる御船祭は神々の降臨を再現する祭ともいわれ、神幸船などが熊野川の御船島をめぐる。2月6日の神倉神社御燈祭では白装束の男たちが松明を持って石段を駆け下りる。

熊野速玉大社の境外摂社・神倉神社の御神体、ゴトビキ岩。熊野の神々が最初に降臨したところと伝わる。

椿大神社

三重県

社名の由来には諸説がある。かつてはこの地が椿の繁茂地であったという説や、皇大神宮（内宮）の椿御園があったという説もあるが、今の境内は杉木立の中だ。

神 猿田彦大神、瓊々杵尊、栲幡千々姫命、天之鈿女命、木花咲耶姫命、行満大明神
鈴鹿市山本町1871
059-371-1515
近鉄四日市駅よりバス約60分「椿大神社」下車、徒歩約2分

道別の大神 猿田彦大神を祀る

『日本書紀』によると、当社の御祭神、猿田彦大神は、鼻が長く背も高く、目は大きな鏡のようでホオズキみたいに赤く輝いていたと書かれている。

天孫・瓊々杵尊の降臨の際、猿田彦大神は天の八衢に「道別の大神」として出迎えたが、その神威ある様子に天の神々もおじけて近寄ることができなかったといわれている。

猿田彦大神は高千穂の峰に瓊々杵尊らを御先導した功績により、肇国の礎を成した大神として、垂仁天皇27年（紀元前3年）、倭姫命の御神託により、この地に「道別大神の社」として社殿が奉斎されたと伝わり、日本最古の神社といわれる。

当社は、その猿田彦大神を祀る全国二千余社の本宮として、「地祇猿田彦大本宮」と尊称されている。

愛宕社…本殿の裏にある愛宕山に鎮座する神社。火伏の神として信仰されてきたが一時荒廃し、昭和60年（1985）に再興された。

小岸大神社…鈴鹿市小岐須町に鎮座する椿大神社の別宮。10世紀以前に創建された古社で、天之鈿女命を祀る。

入道ヶ嶽

入道ヶ嶽は鈴鹿山脈に属する山で標高906m。近畿百名山・鈴鹿セブンマウンテンの1つに数えられる。しかし、椿大神社の由緒にもあるように、古くは神が住む霊地と信じられていた。今も山中にはイシグラ（石倉）・仏岩・重ね岩・天狗の腰掛け・石大神といった磐座が散在している。比較的登りやすくビギナー向けだが、磐座周辺には難路もあるので注意が必要。

石倉磐座

仏石

奥宮

入道ヶ嶽山頂からの景色

日本最古の神社にして伊勢国の一宮

椿大神社は鈴鹿山系に属する入道ヶ嶽（標高９０６ｍ）・椿ヶ嶽（標高４５０ｍ）の麓に鎮座する。社伝によると、猿田彦大神はこの二つの山を「天然の社」としていたという。

当社の主神である猿田彦大神は、瓊々杵尊一行を高千穂の峰に導いた後、瓊々杵尊とともに来た天之鈿女命と夫婦の契りを結び、ともに伊勢国鈴鹿の里にお帰りになり、鎮祭されたといわれている。鎮魂の神、芸能の祖神として知られる天之鈿女命は、境内の別宮・椿岸神社に主祭神として祀られている。

そして、当社は伊勢国一宮である。伊勢国には伊勢神宮という日本中の神社の総本宮ともいうべき御宮があるが、伊勢神宮は別格の存在とされるため世俗の社格はつけられない。そこでこれに次ぐ当社が選ばれたのだ。

二見興玉神社（ふたみおきたまじんじゃ）

三重県

拝殿。二見という地名は、新たに天照大御神をお祀りするのにふさわしい地を求めて旅をしていた倭姫命がこの地を訪れた時、あまりの美しさに振り返ったことに由来するという。

神 猿田彦大神、宇迦御魂大神
伊勢市二見町江575
0596-43-2020
JR・近鉄伊勢市駅よりバス約20分「夫婦岩東口」下車、徒歩約5分、またはJR二見浦駅より徒歩約15分

夫婦岩で知られるお清めの社

二見といえば夫婦岩と思われる方も多いと思う。この2つの岩は沖合700m程の海中に鎮まる猿田彦大神が降臨したとも伝わる御霊石・興玉神石を拝む鳥居の役割を果たしている。当社の御祭神・猿田彦大神は、天孫降臨の際に瓊瓊杵尊を先導して地上へ案内したとされる神である。二見で忘れてはならないのが、ここが浜参宮の場所であることだ。伊勢神宮に参る前に身を清めるところで、今日では禊に代わるお祓い「無垢塩祓」を受けることができる。

夫婦岩。日が昇り、冬至前後は月が昇る。

伊射波神社（いさわじんじゃ）

三重県

漁師の篤い信仰を受けてきた志摩国一宮

志摩国の一宮は「いざわ」神社とされる。ところが、志摩国には「いざわ」または「いさわ」とつく神社が2社ある。伊勢神宮の別宮の伊雑宮と、当社である。当社は加布良古崎に鎮座しており、古くは加布良古神社または加布良古明神と呼ばれていた。今も地元の人は「かぶらこさん」と呼ぶ。『外宮神楽歌』にも加布良古明神の名が見え、中世には海の守護神として漁師の信仰を集めていたことがわかる。漁師の間では玉垣内の白石を船霊として授かっていく習俗もあり、その場合は後日同様の石を2個以上返さなければならないという。

普段は静寂に包まれている当社の境内だが、11月23日の御魚取り神事（大漁祈願祭）では、大漁の様子が演じられ、「大漁じゃ、大漁じゃ」の声が響く。

神 稚日女尊、伊佐波登美尊、玉柱屋姫命、狭依姫命
鳥羽市安楽島町1020
0599-25-4354（満留山神社伊射波神社社務所）
JR鳥羽駅よりバス約20分「安楽島」下車、徒歩約30分

森の中の参道。当社が鎮座する加布良古半島には鳥羽本来の自然が残されている。

都久夫須麻神社（竹生島神社）（つくぶすまじんじゃ（ちくぶしまじんじゃ））　滋賀県

湖上から竹生島を望む。右側の鳥居のうしろに並ぶ社殿が都久夫須麻神社。左側の三重塔などは西国三十三所霊場第30番札所の宝厳寺。都久夫須麻神社本殿と宝厳寺唐門は国宝だが、撮影時、唐門は修復工事中で覆いがかけられている。

神　市杵島比売命、宇賀福神、浅井比売命
長浜市早崎町1665
0749-72-2073
長浜港・彦根港・今津港より汽船約25〜40分

平家も信長も崇敬した日本三大弁才天の島

聖地とされる島は多いが、年間を通して多くの参拝者が訪れるのは竹生島のほかは厳島（宮島）と江ノ島くらいであろう。『平家物語』にも「この島の景気（景色）を見給うに心も詞も及ばれず」と述べている。

都久夫須麻神社（竹生島神社）の起源は明らかではないが、『延喜式』にその名が記されているので10世紀には広く知られていたことがわかる。その後、御祭神の本地が弁才天と信じられるようになり、全国から参拝者が集まるようになった。

神社前の岬にある竜神拝所。拝殿からここへ願い事を書いた土器を投げ、鳥居をくぐると願いがかなうという。

太郎坊・阿賀神社（たろうぼう・あがじんじゃ）　滋賀県

大岩を真っ二つにした天照大神の御子神

阿賀神社が鎮座する赤神山（通称、太郎坊山）は標高350m余りだが、起伏のない湖東平野にあるため標高以上に高さを感じさせる。しかも山頂付近は大岩がむき出しになっていて、人の登山を拒んでいるかのようだ。まさに神の依り代としてふさわしい山といえよう。

この山におられる神は、天照大神の御子神の正哉吾勝勝速日天忍穂耳大神。勝利宣言ともいえる御名をもつ勝運の神様である。本殿前の大岩が真っ二つに割れているのも、御祭神の神威のゆえだという。

太郎坊はこの山に住むとされた天狗のこと。平安時代以降、赤神山は修験道の修行場となり、多くの修験者が集まった。厳しい修行に励む彼らの姿が、そんな伝説を生んだのだろう。現在は誰でも登ることができる。

本殿前の夫婦岩。隙間は80㎝しかなく、悪人は潰されるという。

神　正哉吾勝勝速日天忍穂耳大神
東近江市小脇町2247
0748-23-1341
近江鉄道太郎坊宮前駅より徒歩約20分

愛宕神社（あたごじんじゃ）

京都府

銅鳥居と神門。全国の愛宕神社の総本宮たる愛宕山の愛宕神社は、自分の足で登るしか参拝方法はない。清滝のバス停からおよそ2時間（個人差あり）かかる。

神 稚産日命、埴山姫神、伊弉冉尊、天熊人命、豊受姫命、迦具土命
京都市右京区嵯峨愛宕町1
075-861-0658
JR京都駅よりバス約80分「清滝」下車、登山道を徒歩約90分

京都市の最高峰に鎮座 火伏の神の総本宮

京都の古い町家の住宅や老舗料理店の厨房には「火迺要愼（ひのようじん）」と書かれた御札がよく貼られている。愛宕神社の火伏（火災予防）の御札だ。京の人にとって今も「愛宕さん」は親しい存在であるが、参拝は容易ではない。京都市内最高峰を甘く見てはいけない。社伝によると、大宝（たいほう）年間（701〜704）に修験道開祖の役小角（えんのおづぬ）と白山を開山した泰澄（たいちょう）が愛宕山に登り社を建てたのが当社の始まりという。中世には武士の崇敬も受け、各地に分社が勧請された。

鞘殿（覆殿）。御本殿と若宮・奥宮・末社・授与所を覆う社殿。地上とこのあたりでは気温が10度違う。

籠神社（このじんじゃ）

京都府

天照大神と豊受大神が出会った元伊勢（もといせ）

丹後国（たんごのくに）一宮でもある籠神社は、「元伊勢」と呼ばれている。これには次のような神話がある。

もともと天照大神は宮中で祀られていたが、その神威の高さを畏れた崇神（すじん）天皇は御神体（八咫鏡）を大和の笠縫（かさぬい）に移すことにした。その後、丹波の吉佐宮（よさのみや）（籠神社旧社地）に移り、ここで吉佐宮の御祭神・豊受大神の饗応（きょうおう）を受けた。その後、天照大神の神霊は紀伊や近江をめぐったのち、伊勢に鎮座された。豊受大神も天照大神の神託により伊勢に移り、御饌都神（みけつのかみ）（食事の神）として外宮に祀られた。

このように籠神社（吉佐宮）は伊勢神宮の内宮・外宮の神様が伊勢に鎮まる前に留まった場所であるので、「元伊勢」と呼ばれるのである。現在の御祭神の彦火明命（ひこほあかりのみこと）は、この地で豊受大神を祀っていた神様である。

拝殿。この奥の御本殿は伊勢神宮と同じ神明造で建てられている。とくに高欄上の五色の座玉（すえたま）は伊勢神宮と当社にしか見られない。

神 彦火明命
宮津市大垣430
0772-27-0006
JR天橋立駅よりバス約30分「天橋立ケーブル下」下車、徒歩約5分

磐船神社（いわふねじんじゃ）

大阪府

磐船神社の御神体の天の磐船。地上に全体が現れている1個の大岩で、高さ12m、幅12mある。

神 天照国照彦天火明櫛玉饒速日命（饒速日命）
交野市私市9-19-1
072-891-2125
京阪電鉄私市駅よりバス約10分「磐船神社前」下車、徒歩約5分

巨大な岩を船とした もう一つの降臨神話

天孫降臨といえば瓊瓊杵尊（ににぎのみこと）の神話であるが、これに先立って降臨した天孫がいた。物部（もののべ）氏の祖神・饒速日命（にぎはやひのみこと）である。記紀によると饒速日命は天磐船（あまのいわふね）に乗って天下ったとされるが、その天翔る船こそが当社の御神体たる巨石だとされる。

神は大岩も自在に飛ばすことができたのだろうか、それとも長い年月が船を岩に変えたのだろうか。以来、当社は祖神の霊地として物部氏によって守られてきた。物部氏滅亡後は修験道の聖地とされた。

御神体の下には岩窟があって修験者の行場となっていた。中を拝見するには社務所の許可が必要。

石切劔箭神社（いしきりつるぎやじんじゃ）

大阪府

腫れ物を治してくださる「でんぼの神様」

石切劔箭神社という正式名称より「石切さん」あるいは「でんぼの神様」と呼んだほうが関西では通りがいい。古くから、でんぼ（関西の言葉で腫れ物）やさまざまな病気を治してくださる神様として親しまれてきた。神武天皇紀元2年（前659）に可美真手命（うましまでのみこと）が父神である饒速日尊（にぎはやひのみこと）をお祀りしたことが始まりとされる古社である。

神 饒速日尊、可美真手命／東大阪市東石切町1-1-1／072-982-3621／近鉄新石切駅より徒歩約7分、石切駅より徒歩約15分

阿部野神社（あべのじんじゃ）

大阪府

南北朝の古戦場に鎮まる忠臣を祀る神社

阿部野神社が鎮座する場所は、南朝の忠臣・北畠顕家（きたばたけあきいえ）公が足利（あしかが）軍と戦った古戦場とされる。当社は、この顕家公と、その父で『神皇正統記（じんのうしょうとうき）』の著者でもある北畠親房（ちかふさ）公の霊を祀るために、明治18年（1885）に創建された。

現在は、知恵と勇気と学問の神様として、多くの人々に崇敬されている。

神 北畠親房、北畠顕家／大阪市阿倍野区北畠3-7-20／06-6661-6243／南海本線岸里玉出駅下車、徒歩約5分

生田神社

兵庫県

稚日女尊を祀る御本殿。鮮やかな朱色が印象的だが、御本殿だけではなく楼門や摂社末社も朱色に塗られている。

- 神 稚日女尊
- 神戸市中央区下山手通1-2-1
- 078-321-3851
- JR三ノ宮駅より徒歩約10分

生田の森に鎮座する神戸発祥の神社

御祭神の稚日女尊は高天原にある天照大神の斎服殿で神の衣を織っていた女神。神功皇后が新羅遠征をされた時に「活田長狭国におりたい」という託宣をし、生田に祀られたという。当初は砂山に鎮座していたが、延暦18年（799）の洪水で山裾が崩れたため、生田の森に遷座したと伝わる。この時、生田村の刀禰七太夫という者が御神体を背負って鎮座地を探した。生田の森に至った時に御神体が急に重くなって歩けなくなったため、神がここに鎮座したいのだろうと考え社を築いたのだという。

なお、神戸という地名は、大同元年（806）に朝廷が生田神社に神戸（収穫や労働力を神社に納める地区・住民のこと）44戸を授けたことに由来するといわれる。

近年は曲水の宴でも知られる。

長田神社

兵庫県

鬼が災いを祓い清める恵美主さまの神社

社伝によると、神功皇后が新羅遠征から帰られた時、武庫の港で事代主神の「吾を長田の国に祀れ」という神託があり、この地に神社を建てて祀ったのが始まりとされる。

福神信仰が広まった中世には、御祭神の事代主神を恵美主様と同一視する信仰が広まり各地から参拝者が集まった。

当社はまた、古い形を残す追儺（節分の豆まきの原形となった儀礼）が行われることでも知られる。一般の豆まきでは鬼は退治されるべき悪役であるが、長田神社の追儺では鬼は神の使いとされ、神々に代わって災いを祓い清める。神社の解説によれば、「この行事は（略）松明の炎で種々の災を焼きつくし、太刀の刃で寄り来る凶事を切り捨て、天地を祓い国土を清め」るものという。

現在の社殿は昭和3年（1928）に再建されたもの。神戸市内で戦災を免れた唯一の大社殿で、阪神淡路大震災（1995年）でも倒壊を免れている。

- 神 事代主神
- 神戸市長田区 長田町3-1-1
- 078-691-0333
- 神戸市営地下鉄長田神社前駅より徒歩約7分

拝殿内部の天井画。中央は福田眉仙画『大青龍』。戦後の新たな神社建築様式として全国から注目を集めた。本殿には3つの扉があり、主祭神である楠木正成公、正成公夫人、御子正行公をはじめ、湊川の戦いで殉節された一族十六柱ならびに菊地武吉卿を祀る。

神 楠木正成公
神戸市中央区多聞通3-1-1
078-371-0001
JR神戸駅より徒歩約3分

大楠公の殉節地に創建された神戸の名社

延元元年（1336）、楠木正成公が湊川の戦いで七生滅賊を誓って自刃された地に、明治天皇の命によって明治5年（1872）に創建された。現在の社殿は、戦災での焼失後、昭和27年（1952）に再建されたもので、棟方志巧ら著名画家たちが奉納した絢爛たる作品164点が社殿天井を飾る。

境内には徳川光圀公が「嗚呼忠臣楠子之墓」と自書した墓碑があり、幕末には多くの志士がこの墓前に額づき、報国の至誠を誓ったという。

楠公祭の御神幸・楠公武者行列。神輿の背後にそびえるのは多聞通りに面して建つ表神門。

廣田神社はもともと神功皇后が兜を埋めたという甲山山麓に鎮座していたが、水害により享保12年(1727)に現在地に遷座した。現在地も六甲山を背に大阪湾を見晴るかす地であり、近畿守護にふさわしい場所といえる。

神 天照大御神之荒御魂
西宮市大社町7-7
0798-74-3489
JR西宮駅よりバス約12分「広田神社前」下車、徒歩約1分

天照大神の荒魂を祀る伊勢大神宮御同体の社

『日本書紀』によると、神功皇后が新羅遠征から凱旋した時、西宮の沖で天照大神から次のような託宣を受けたという。「わが荒魂（戦の時などに現れる神霊の荒々しい面）を皇后のそばに置いておくのはよくない。廣田国に鎮座させるのがよい」。この神勅によって創建されたのが当社とされる。

こうした由緒から伊勢大神宮御同体の神社と崇敬を集め、『延喜式』の名神大社に列し、王城鎮護の二十二社の一社にも選ばれている。また、神祇官の長官や公家、高僧たちも「西宮参拝」と称して当社を詣でた。

現在の本殿は、戦後初の式年遷宮に際して伊勢神宮から譲与された旧荒祭宮社殿を改築したもの。阪神タイガースが優勝祈願をする神社としても知られている。

霧に包まれる本社。境内には樹齢3000年以上という神代杉をはじめ杉の大木が林立する。神武天皇即位以前にさかのぼる歴史の古さを象徴するようだ。

撮影：岡靖久

玉置神社

たまきじんじゃ

奈良県

神武天皇や空海・役行者も訪れた熊野三山の奥の院

玉置神社は大峰山脈の最南端、標高1076mの玉置山山頂近くに鎮座している。ここから熊野川（十津川）に沿って下れば熊野本宮大社や熊野速玉大社に出られる。熊野では創建がもっとも古い当社は熊野三山の奥の院である。

一方、当社は金峯山（吉野山から山上ヶ嶽までの山塊）の奥の院としての性格もある。吉野から熊野に向かう修行の道、大峯奥駈道の逆峯に当たるからだ。

特に平安時代以降は多くの修験者・参拝者が当社を訪れ、今でも大いに興隆している。最盛期には7坊15ヵ寺が山中にあったという。

当社の創建は古く、即位前の神武天皇が八咫烏の案内で熊野から大和に向かう途上で当社の宮で兵を休ませている。早玉神が合祀されたのは、崇神天皇の御代と伝わる。

神 国常立尊、早玉神、伊弉諾尊、伊弉冊尊、天照坐皇大御神、神武天皇

吉野郡十津川村玉置川1

0746-64-0500

JR新宮駅よりバス約120分「十津川温泉」下車、タクシー約20分駐車場下車、徒歩約15分

本社から山頂に向かう途中にある末社の玉石社。社殿などはなく、瑞垣の中に丸い石が祀られており、神武天皇の東征以前にさかのぼる磐座だとされる。

龍穴神社・龍鎮神社
奈良県

龍穴神社拝殿。奥に鎮座する本殿は、慶安5年（1652）に造営された春日大社若宮本殿を寛文11年（1671）に移築したもの。県指定文化財。

- 神 高龗神、龍神、龍王
- 宇陀市室生1297（龍穴神社）
- 宇陀市榛原荷阪475-2（龍鎮神社）
- 0745-93-2177（龍穴神社）
- 0745-82-2457（宇陀市観光協会商工観光課）
- 近鉄室生口大野駅よりバス約14分「室生寺前」下車、徒歩約15分（龍穴神社）
- 近鉄室生口大野駅よりタクシー約5分（龍鎮神社）

雨乞いの聖地・室生に鎮まる2つの龍の古社

渓谷が多く水源地が多数ある室生は龍が住む水の聖地と信じられ、古くから雨乞いが行われてきた。室生寺もそうした聖地に由来する社寺の1つで、龍穴神社の龍神は室生寺を守る伽藍護法神ともされた。なお、室生には龍穴が数カ所あり、龍穴神社にある龍穴は「吉祥龍穴」といわれている。室生全体が龍の聖地でいろんな場所から姿を現すと信じられたのだろう。龍鎮神社もそうした聖地の1つだ。

淵のそばに鎮座する龍鎮神社本殿。龍鎮神社は海神社の境外摂社だが、ここは古代からの聖地であろう。

瀧原宮
三重県

森と清流が美しい遙宮と呼ばれる別宮

一括して瀧原宮と呼ばれているが、正しくは瀧原宮と瀧原並宮。共に内宮（皇大神宮）の別宮で、同じ形の社殿が並んで鎮座している。御祭神は両社ともに天照坐皇大御神御魂。鎮座地の滝原は、紀州との国境も近く神宮から遠く離れていることから遙宮とも呼ばれる。だが、天照大御神が五十鈴川の川上に鎮座される前に一時留まられた場所であり、神宮の関連社の中でもとくに重視されている。

おそらく天照大御神は、この地の明るい森と清らかな流れを愛でられたのだろう。

なお、社殿は向かって右が瀧原宮で左が瀧原並宮。まず瀧原宮をお参りしてから瀧原並宮を参拝するのが作法とされている。

参道の途中にある御手洗場。手水舎も最近設置されたが、頓登川の清流で手と口を清めてから参拝するのが古くからの作法だ。

- 神 瀧原宮天照坐皇大御神御魂、瀧原並宮天照坐皇大御神御魂
- 度会郡大紀町滝原872
- 0596-24-1111（神宮司庁）
- JR滝原駅より徒歩約15分

Column ④

鳥居とは何か？

古来、神社を表すシンボルとして日本中に立てられてきた鳥居。しかし、その起源は明らかではない。

芦ノ湖畔に立つ箱根神社の平和の鳥居。柱の前後に稚児柱（控柱）がつく両部鳥居という形式。この鳥居のおかげで対岸からも神社の存在がわかる。

聖なる門か、神霊の止まり木か

神社と鳥居は切っても切れない関係にある。ところが、その起源は明確になっていない。中国の牌楼や華表、インドのトラーナを起源とする説もあるが、これらは世俗の場にも使われ、聖地を示す象徴性や結界性はない。東南アジアの農村に見られる霊的な結界を示す門が機能的には近いが、日本との関係は不明だ。

鳥の姿になった死霊や神霊を止めるためのものという説もある。古墳周辺から出土する鳥竿という棒の先に鳥の彫刻をつけた祭具との関係を指摘する学者もいるが、それなら神社の中心部に立てられるべきだが、鳥居は境内周縁部に多く立てられる。

諏訪大社の御柱祭のような柱を立てる神事との関係を指摘する説もあるが、柱から鳥居の形に進化した理由がわからない。

実はバリエーションが多い鳥居の形式

鳥居の構造はいたって簡単だ。2本の柱と笠木と貫という2本の横木（笠木が上）で構成される。これほどシンプルであるにもかかわらず、そのバリエーションは実に多彩だ。

鳥居は大きく神明系と明神系に分けられる。神明系は装飾性が薄く、笠木もただの丸太であることが多い。これに対して明神系はさまざまな装飾がつき、笠木も下に島木がついて2段になる。朱塗りにされていることも多い。稲荷鳥居・両部鳥居・山王鳥居など種類も多い。

元乃隅神社（山口県長門市）。海から123基の鳥居が並ぶ。鳥居を隙間なく並べるのは稲荷社の特徴。

第五章

中国・四国の神社

数々の神話と英雄譚が残る中国と、今なお多くの自然と信仰を残す四国。
神々が鎮まる西国の社は、どこか古の人々の心性を感じさせる。

中国・四国を代表する神社

吉備津神社（岡山）
吉備津彦神社
吉備津神社（広島）
嚴島神社
熊野大社
美保神社
出雲大社
大山祇神社
金刀比羅宮
大麻比古神社
土佐神社
石鎚神社

一足伸ばしてお参りしたい名社

大神山神社
宇倍神社
倭文神社
日御碕神社
須佐神社
太皷谷稲成神社
水若酢神社
赤間神宮
住吉神社
伊曽乃神社
伊豫豆比古命神社

秘境神社巡拝

韓竈神社
由良比女神社
焼火神社
壇鏡神社
轟本瀧神社
別役神社（聖神社）

写真提供：広島県

吉備津神社

岡山県

応永32年（1425）に再建された本殿（国宝）。入母屋の屋根が前後に2つ並ぶ比翼入母屋造という類例のない社殿で、建坪は約260㎡ある。吉備津神社の権威の大きさを象徴する神殿である。

吉備国を平定した英雄 大吉備津彦命を祀る

吉備津神社・吉備津彦神社・吉備津神社。呪文ではない。備中国・備前国・備後国の一宮の名前である。ともに大吉備津彦命を祀る。この3国が共通した社名・御祭神をもつのには歴史的な背景がある。

大吉備津彦命は孝霊天皇の皇子で、崇神天皇が四方に派遣した四道将軍の1人。吉備国を平定したと伝えられ、この時、温羅という鬼を退治したとの伝承があることから、桃太郎のモデルではないかともいわれている。大吉備津彦命は平定後も吉備に留まり、国の開発・発展に努めた。吉備の中山にある中山茶臼山古墳はその陵墓だと伝わる。

古代において吉備は出雲と並んで巨大な勢力をもっていた。その実力は巨大な古墳や豪華な出土品からも偲ばれる。大和朝廷の支配下に入ってからも吉備は隠然たる勢力を保っていた。このため7世紀末から8世紀初頭にかけて備前・備中・備後・美作の4カ国に分割された。

もともと備中の吉備津神社が吉備の信仰の中心になっていたが、国が分割されることになり、それぞれの国に吉備津彦神が祀られたと考えられる。当社の豪壮な本殿は失われた吉備国の象徴ともいえよう。

全長360mに及ぶ廻廊。天正6年（1578）の再建。これほど長くまっすぐに続く廻廊は珍しく、ゆるやかに起伏する様子はまさに臥龍。途中には鳴釜の神事で有名な御竈殿がある。

神 大吉備津彦命、若日子建吉備津日子命、御友別命、仲彦命、千々速比売命、倭迹迹日百襲姫命ほか

岡山市北区吉備津931

086-287-4111

JR吉備津駅より徒歩約10分

吉備の中山を背に鎮座する吉備津彦神社の社殿。拝殿・祭文殿・本殿が一列に並び、一宮にふさわしい厳粛な雰囲気がただよう。

吉備津彦神社

岡山県

神 大吉備津彦命ほか
岡山市北区一宮1043
086-284-0031
JR備前一宮駅より徒歩約3分

大吉備津彦命の屋敷跡に鎮座する備前国一宮

御祭神の大吉備津彦命は、古くから吉備国を守る文武両道の神様として信仰され、昔話「桃太郎」のモデルとされる神様としても有名。当社は、桃太郎伝説と神楽、備前刀のふるさとの一宮としても知られ、大吉備津彦命の屋敷跡に社殿が建てられたともいわれる。背後の吉備の中山は古くから御神体山として信仰深く、吉備津彦神社奥宮と伝わる巨大な磐座に命が吉備国の平和と安寧・五穀豊穣を祈ってきたとされ、吉備の中山の境内山頂には八大龍王神をお祀りする龍神社があり、神域を示す磐境も残っている。

御本殿は、平成29年(2017)に池田綱政公御造営320年を迎えた。

写真提供：広島県

吉備津神社

広島県

慶安元年(1648)に福山藩主・水野勝成によって再建された本殿(重文)。備中の吉備津神社の分社にふさわしい大きく堂々とした社殿。千鳥破風と軒唐破風が上下に並ぶにぎやかな屋根や蟇股の彫刻などに桃山建築の華やかさを残す。

神 大吉備津彦命
福山市新市町宮内400
0847-51-3395
JR新市駅より徒歩約25分

備後国の「一宮さん」と市立大祭

社伝によると、当社は大同元年（８０６）に備中国の吉備津神社より分祀創建されたという。長和3年（１０１４）に当社で法華八講（※）が行われた記録がある。

時宗の開祖・一遍が弘安10年（１２８７）に当社を参詣したことが『一遍上人絵伝』に記され、一遍上人が本殿から「泰皇破陣楽」という舞楽を鑑賞している様子がみられる。元弘2年（１３３２）には備後国の武将・桜山茲俊が自害した際の火が当社に及び被害が出たとされるが、永和2年（１３７６）に本殿が再建されている。

当社は地元の人から「（一宮さん）」と親しまれている。11月には「市立大祭」と呼ばれる収穫を感謝するお祭が行われる。２０２２年3月には、修復中の本殿工事が完了予定。

嚴島神社（いつくしまじんじゃ）

広島県

海中の大鳥居と国宝の社殿群。ユネスコの世界文化遺産に選ばれたことで世界的に有名になった風景であるが、日本人の聖地観をもっともよく表している場所ともいえるだろう。

撮影：新谷孝一

平清盛が崇敬した宮島の女神

当社の創建は推古天皇元年（593）だという。これは広く知られた説であるらしく『平家物語』もこの説を採っている。『源平盛衰記』によると、当地の豪族・佐伯鞍職（くらもと）が宮島の周囲をめぐっていたところ、西のほうから紅色の帆を張った船がやってきたという。船には赤い幣を立てた瓶があり、その中に神々しい美女が3人いた。彼女たちは鞍職にこう言った。

「私たちは百王（ひゃくおう）を守護するために王城の近くに来ることにしました。宝殿を造り、私たちを嚴島大明神として祀りなさい」

ここでいう西とは九州のことで、三女神が宗像大社と同じ御祭神であることが示唆されていると言われている。

嚴島神社は平清盛が崇敬し社殿を建てたことで知られるが、すでに11世紀には安芸国（あきのくに）で一番の神とされていた。こうしたことから安芸国一宮に選ばれたのであろう。

写真提供：広島県

中央の社殿は客（まろうど）神社の祓殿（はらいでん）（国宝）。客神社の上に五重塔（重文）が見える。瓦葺きの屋根は豊臣秀吉の命で着工したが未完に終わったとされる千畳閣（重文）で豊国神社の本殿となっている。

神 市杵島姫命、田心姫命、湍津姫命
廿日市市宮島町1-1
0829-44-2020
JR・広島電鉄宮島口駅下車、フェリー約10分「宮島桟橋」から徒歩約15分

熊野大社

島根県

神門越しに拝殿を望む。巨大な注連縄が印象的だ。中世まではこの場所ではなく、南方3㎞ほどのところにある熊野山（現在の天狗山）に鎮座していた。

- 神 伊邪那伎日真名子加夫呂伎熊野大神櫛御気野命（素戔嗚尊）
- 松江市八雲町熊野2451
- 0852-54-0087
- JR松江駅よりバス約30分「八雲バスターミナル」乗換、バス約16分「熊野大社前」下車すぐ

出雲大社より社格が高かった出雲国一宮

当社の御祭神は伊邪那伎日真名子・加夫呂伎・熊野大神・櫛御気野命という。4柱の神様の名前のように見えるが、最初の3つは「伊邪那伎命の愛し子」「神聖なる祖神様」「熊野の大いなる神様」といった意味の敬称で、最後の櫛御気野命は素戔嗚尊の別名である。

創建時期は不詳だが『日本書紀』や『出雲国風土記』に当社のことが記されており、7世紀以前に遡ることがわかる。貞観9年（867）に正二位の神階を授かるなど朝廷からも重視されており、その勲位は出雲大社よりも上であった。このことは、出雲国造（出雲大社宮司）が代替わりする時に当社から清浄な火を鑽る発火器（燧臼・燧杵）を授かるということにも表れている。こうしたことから出雲国一宮にも選ばれている。

美保神社

島根県

拝殿（手前）と本殿（重文）。巨大な拝殿の存在感が圧倒的だが、本殿を見落としてはいけない。2棟の大社造の社殿を装束の間でつないだ特殊な形式で比翼大社造と呼ばれる。

- 神 三穂津姫命、事代主神
- 松江市美保関町美保関608
- 0852-73-0506
- JR境港駅よりバス約10分「宇井渡船場」乗換、バス約15分「美保神社入口」下車すぐ

海路の要所に鎮まるゑびす様の総本宮

当社は島根半島の東端、美保岬に鎮座している。ここは朝鮮半島や北陸へ通じる海路の要所であった。また、大国主神が天照大神から国譲りを迫られた際、第一の御子神である事代主神が国譲りを勧めた後、海中に身を隠された地とされる。4月7日の青柴垣神事は、この神話を再現するお祭である。

事代主神は漁や商売の神様・ゑびす様としても信仰されており、その総本宮である当社には全国から参拝者が訪れる。

地之御前・沖之御前遙拝所。地之御前・沖之御前は美保灯台沖に浮かぶ2つの小島で、事代主神が釣りを楽しんだ霊地とされる。

出雲大社（いづもおおやしろ）

島根県

出雲大社の口伝によると、大社の本殿は高さが上古には32丈、中古には16丈あったという。32丈といえば100m近くになり、にわかには信じがたい。しかし、近年境内から巨木3本を束ねて1つの柱とした跡が見つかり、16丈の本殿は現実味を帯びてきた。

境内入口に立つ二の鳥居。ここに立って振り返ると門前町が一望できる。

下り参道。二の鳥居から三の鳥居まで参道はゆるやかな下りになる。こうした参道は全国的にも珍しい。

本殿の真後ろに鎮座する、天照大御神の弟神、素戔嗚尊を祀る素鵞社

中央のひときわ大きな社殿が国宝の本殿。高さが24mある。その右の社殿は大国主大神の后を祀る御向社。

国つ神の王の宮にして八百万の神々の参集所

出雲大社の御祭神・大国主大神は、国づくりによって自ら築かれた「豊葦原の瑞穂国」を、日本民族をあまねく照らし治める天照大御神へとお還しになる「国譲り」の偉業を行った神様として知られる。

この国譲りのとき、現世の政治は天照大御神の子孫に委ねるかわりに、幽事（目に見えない世界のこと）は大国主大神が司り、「むすび」の御霊力によって人々を幸福に導くこと、天照大御神の第二子である天穂日命が大国主大神に仕えることなどが決まったという。

こうして天照大御神の御命令によって高天原の神々が幽事を司る大国主大神のもとに集まることになり、大国主大神のために宇迦山の麓に壮大なる宮殿が造営されたと伝わる。

そして、大国主大神は、その宮殿に永久にお鎮まりになり、人々の幸福のために慈愛を注ぎ、今に至るまで厚い信仰を受け続けている。

天日隅宮を始め、さまざまな名称で称えられてきたその宮殿が、出雲大社の起源と伝わる。

神楽殿に下がる大注連縄。長さ約13m、重さ約5.2トンある。神楽殿では御祈祷や結婚式などが行われる。

神 大国主大神
出雲市大社町杵築東195
0853-53-3100
一畑電車出雲大社前駅より徒歩約10分、またはJR出雲市駅よりバス約25分「正門前」下車、徒歩約1分

神門。春分・秋分の日の朝、この神門に立つと、拝殿の屋根の中央から昇る朝日を拝することができる。神門の内側、回廊に囲まれた聖域に建つ拝殿と本殿は応永(おうえい)34年(1427)頃に建造。その背後にそびえる鷲ヶ頭山は山中に磐座(いわくら)があったと言われており、神が住む山として崇められていた。

神 大山積神
今治市大三島町宮浦3327
0897-82-0032
中国バスしまなみライナー・せとうちバス「大三島」乗換、バス約12分「大山祇神社前」下車、徒歩約1分

瀬戸内の中央に鎮まる山の神にして航海の神

当社の御祭神の大山積神(おおやまつみのかみ)は山の神様である。芸予(げいよ)諸島最大の島、大三島(おおみしま)に祀られるのは不思議な気もするが、島の中央にそびえる鷲ヶ頭山(わしがとうさん)が航海の目印にされたからといわれる。『伊予国(いよのくに)風土記』には「御嶋(みしま)、坐(いま)す神の御名は大山積神、一名(またのな)は和多志(わた し)の大神」とあり、航海を守る「渡し」の神であることを示唆している。中世に河野(こうの)水軍を率いた河野氏も当社を氏神として崇めた。

当社の創建者・小千命(おちのみこと)御手植の楠。樹高が16mに及ぶ巨樹で天然記念物に指定されている。

金刀比羅宮(ことひらぐう)

香川県

船乗りたちが広めた「こんぴらさん」の信仰

江戸時代、金刀比羅宮は伊勢神宮に次いで人気のある神社であった。大阪などから丸亀(まるがめ)まで船で行けたということもあって、多くの参詣者が一年を通して訪れた。信仰が全国に広まった理由はいくつか考えられるが、北前船などの船乗りが、全国の港や航海の間に伝播したことが大きく、彼らは身をもって体験したこんぴらさんの霊験を、日本の隅々にまで伝えていった。

「こんぴらさん」といえば石段。大門まで365段、旭社まで628段、本宮まで785段。奥社まで1368段だ。

本宮拝殿。神仏分離以前の同社は仏教色が濃く、当時の様子は、もとは金堂であった旭社(あさひのやしろ)から伺い知ることができる。信仰の中心となる本宮は明治11年(1878)に神道式の社殿に改築された。

神 大物主命、崇徳天皇
仲多度郡琴平町892-1
0877-75-2121
高松琴平電鉄(ことでん)琴電琴平駅より石段上り口まで徒歩約15分、またはJR琴平駅より石段上り口まで徒歩約20分

大麻比古神社（おおあさひこじんじゃ）

徳島県

中央に見える社殿が昭和45年（1970）に内拝殿・祝詞殿とともに再建された外拝殿。本殿は明治13年（1880）に国費をもって造営された。

- 神 大麻比古大神、猿田彦大神
- 鳴門市大麻町板東字広塚13
- 088-689-1212
- JR板東駅より徒歩約25分

阿波（あわ）を開拓した忌部（いんべ）氏の大祖先を祀る一宮

阿波（徳島県）は宮中で祭祀を司っていた忌部氏の一族、阿波忌部氏によって開拓開発された。神話によると神武天皇の御代、忌部氏の祖神・天太玉命（あめのふとたまのみこと）（大麻比古大神）の御孫・天富命（あめのとみのみこと）は勅命により阿波に渡り、麻布や木綿の製法を人々に教え、産業を振興させたという。そして、一族と地域の守護神として天太玉命を祀ったのが当社の始まりとされる。当社は『延喜式』の名神大社に列し、阿波国一宮としても崇敬された。

御神木の大クスノキ。樹高は22m、幹の周りは8.3mあり、樹齢は1000年を超えるという。市の天然記念物。

土佐神社（とさじんじゃ）

高知県

「土佐一ノ宮」の扁額をかけた鳥居。文字通り土佐国で一番の権威をもった神社であるが、土地の人たちは例祭の志那禰祭から「しなね様」と親しみをこめて呼ぶ。祭では氏子・崇敬者が道にかがんで神輿が頭上を通過するのを待つ様子が見られる。

- 神 味鋤高彦根神、一言主神
- 高知市一宮しなね2丁目16-1
- 088-845-1096
- JR土佐一宮駅より徒歩約15分

大和葛城（やまとかつらぎ）の賀茂（かも）氏が祖神を祀った一宮

当社の御祭神である味鋤高彦根神（あじすきたかひこねのかみ）は国土開発の神、一言主神（ひとことぬしのかみ）は善いことも悪いことも一言で言い切るとされる神で、いずれも大和の葛城地方を根拠とした賀茂氏が奉斎した神である。ここから当社は、賀茂氏が土佐国造に任じられた時に創建されたのではないかと推測されている。文献上では天武（てんむ）天皇4年（675）に土佐大神が天皇に神剣を献上したという『日本書紀』の記述が初見で、古くから、南海の総鎮守として崇敬されてきた。

空から見た社殿。幣殿・拝殿・左右の翼殿・拝の出が蜻蛉（とんぼ）が飛び込んできた形になっており入蜻蛉形式という。

石鎚神社

愛媛県

天狗岳と雲海…石鎚山は西日本の最高峰。日本百名山・日本百景・日本七霊山などに選ばれている。正確には3つの山の総称で、最高峰の天狗岳（標高1982m）、石鎚神社頂上社が鎮座する弥山（標高1974m）、南尖峰（標高1982m）からなっている。

神 石鎚毘古命
西条市西田甲797（口之宮本社）
0897-55-4044
JR西条駅より車で約10分（口之宮本社）

若き日の空海も修行した西日本最高峰

石鎚山への信仰は、弥生時代にまでさかのぼるという。西条市の八堂山遺跡からは石鎚山の遙拝所らしき遺構が発掘されている。『古事記』においても、伊邪那岐神・伊邪那美神が当社の御祭神である石土毘古神を生んだことが記されている。

社伝では修験道の開祖・役小角（役行者、7～8世紀）によって開山されたと伝えられており、その後、修験者の寂仙菩薩が登山路を拓いて登山者を導き、常住社（現在の中宮成就社）を建てたとされる。さらに上仙大師・光定大師などの高僧が横峰寺・前神寺を創建して石鎚山（石鎚神社）の別当寺としたと言われるが、実際、奈良時代には石鎚信仰に関わる寺院が麓に複数あったことがわかっている。

平安時代には山岳修行の場として栄え、空海もここで苦行を

中宮成就社…石鎚山の7合目に鎮座する。役小角の開山伝説があり、尊像を見返り遙拝殿に祀る。

口之宮本社…石鎚神社は4つの御社の総称で、麓に口之宮本社が鎮座する。

奥宮頂上社…標高1974mの弥山山頂に鎮座する。石鎚毘古命（石鎚大神）の御降臨の磐境。

土小屋遙拝殿…石鎚スカイラインの終点、標高1500mに鎮座する。成就社とともに登山の拠点。

弥山…最高峰の天狗岳からの遠望。弥山山頂へは西条市側から登ると一之鎖・二之鎖・三之鎖と3つの鎖場を乗り越えないといけないが、それぞれ迂回路もある。ただし、天狗岳へは切り立った尾根を行かねばならない。

したことを『三教指帰』に書き残している。また、『梁塵秘抄』（12世紀末）にも「聖の住所は何処何処ぞ、大峯・葛城・石の槌」と詠まれている。

下って中世には武士の崇敬を受け、天正15年（1587）に伊予の領主となった福島正則は当社を篤く信仰し、豊臣秀頼の命で成就社に大神殿を造営した。

近世に入ると西条藩・小松藩の護持のもと横峰寺・前神寺・極楽寺などが石鎚山の霊験を積極的に布教したため庶民にも信仰が広まり、各地に石鎚講が作られた。当時の小松藩の記録によると、安政4年（1857）の祭礼には1万人以上の登山者があったとしている。

なお、古くはお山開き（7月1日～10日）期間中、成就社から石鎚山頂は女人禁制とされていたが、徐々に女性に門戸を開き、現在では7月1日を除いて山頂まで自由に登山できる。

大神山神社（おおがみやまじんじゃ）

鳥取県

大山山腹の奥宮には長い間本殿は建てられていなかった。初めて造営されたのは元禄14年(1701)のことである。

写真提供：鳥取県

山陰を代表する霊峰の中腹に鎮座

標高1729mの大山（だいせん）は中国地方の最高峰であり、山陰を代表する霊山である。『出雲国風土記』では大山を大神岳（おおかみのたけ）もしくは火神岳（ひのかみだけ）と呼んでおり、国引き神話で有名な八束水臣津野命（やつかみずおみつののみこと）が、高志（こし）の国などから土地を引っ張ってきた時の杭にした山と述べられている。神話でこう語られることからもわかるように、大山は古くから信仰の対象になっていたものと思われる。

当社の創建は崇神（すじん）天皇の御代とも応神（おうじん）天皇の御代ともいわれるが、本格的な社殿が建てられたのは平安時代とされる。

大山に鎮座する奥宮は、惜しくも寛政（かんせい）8年（1796）の火災で焼失。現在の建物は文化2年（1805）に再建されたもの。全国最大級の壮麗な権現造で、拝殿の左右に長廊がつくという特殊な形をしている。

米子市尾高に鎮座する本社は大山の遙拝所から発展したものと推測され、数度の遷座を経て、現在地に鎮座したのは承応（じょうおう）2年（1653）のこと。6000坪の境内と湧水、神苑を持つ。古くは本社を冬宮、奥宮を夏宮と呼ぶこともあった。

なお、近くにある大山寺（だいせんじ）とは近世まで一体の関係であり、修験道の大道場として栄えた。

写真提供：鳥取県広報連絡協議会

神 大穴牟遅神（大己貴神）
米子市尾高1025（本社）
西伯郡大山町大山1（奥宮）
0859-27-2345（本社）
0859-52-2507（奥宮）
JR米子駅よりバス約30分「尾高」下車、徒歩約5分（本社）
JR米子駅よりバス約60分「大山寺」下車、徒歩約20分（奥宮）

大山寺山門前から奥宮に続く約700mの参道は、自然石を敷いた参道としては日本最長といわれる。

宇倍神社（うべじんじゃ）

鳥取県

武内宿禰（たけのうちのすくね）が履（くつ）を残してお隠れになった霊跡

当社の御祭神・武内宿禰命は、景行・成務・仲哀・応神・仁徳の5代の天皇に仕え、360歳の長寿を保ったとされる。そして、当社境内にある双履石（そうりせき）に履を残してお隠れになったと伝えられる。

当社は一宮と呼ばれていることが文献で確認できる最古の神社でもある。すぐ近くには因幡（いなば）国庁もあり、政治・文化の中心的存在であったことがわかる。

拝殿前に至る120段の石段。かつては国司もここを登って参拝したのであろう。

大化4年（648）創建と伝えられる。当社は最初に紙幣になった神社でもある。明治32年（1899）発行の五円札には武内宿禰命像と拝殿が描かれている。

神 武内宿禰命
鳥取市国府町宮下651
0857-22-5025
JR鳥取駅よりバス約20分「宮下」下車、徒歩約3分

倭文神社（しとりじんじゃ）

鳥取県

勇ましき織物の神を祀る伯耆国（ほうきのくに）の一宮

「倭文」とは麻糸などを青や赤に染めて縞や乱れ模様を織ることで、古代の職能部族の1つ、倭文部（しとりべ）が制作していた。当社はこの倭文部が祖神の建葉槌命（たけはづちのみこと）を祀ったことに始まると考えられるが、大国主命（おおくにぬしのみこと）の御子神・下照姫命（したてるひめのみこと）が当地で安産法などを教えたのち鎮まられたという御由緒も伝わっている。

建葉槌命は天つ神に反逆した悪神・星神香香背男（ほしのかがせお）を退治した武神でもあり、こうしたことから伯耆国の一宮に選ばれたのかもしれない。なお、境内の経塚（※）からは康和（こうわ）5年（1103）の銘が入った経筒（国宝）が発掘されている。

随神門。経塚はこの近くにある。出土した経筒には「一宮大明神」とあり現存最古の一宮史料となっている。

拝殿。当社はもともと織物業の守護神であったと考えられるが、しだいに下照姫命の信仰が広まり安産の神様として知られるようになった。

神 建葉槌命、下照姫命
東伯郡湯梨浜町大字宮内754
0858-32-1985
JR松崎駅からタクシー約10分

※経塚…経典を埋めた塚のこと。経筒は経巻を保護するための筒型容器。

日御碕神社

鳥取県

経島。石が経巻を積んだようなのでこう呼ばれる。日沉宮旧鎮座地。神職しか立ち入れないのでウミネコの繁殖地となっており、天然記念物に指定されている。

神 天照大御神、素盞嗚尊
出雲市大社町日御碕455
0853-54-5261
一畑電車出雲大社前駅よりバス約25分「日御碕」下車、徒歩約3分

境内に2つの社がある日が沈む地の神社

島根半島の最西端の日御碕に鎮座する日御碕神社は、2つの社から成っている。天照大御神を祀る日沉宮（下の宮）と、素盞嗚尊を祀る神の宮（上の宮）である。

日沉宮は天照大御神の神託により素盞嗚尊の御子神の天葺根命が創建したといい、当初は経島にあった。神の宮は素盞嗚尊が柏の葉を投げて自らが鎮まる地を定めたもので、もとは隠ヶ丘に鎮座していた。現在の社殿はいずれも第3代将軍家光によって再建されたものである。

手前が楼門。その左に2つ並ぶ屋根が日沉宮の拝殿と本殿。楼門の右に神の宮の本殿がわずかに見える。

須佐神社

島根県

須佐之男命その神霊を留めた地

当社は神戸川の上流に鎮座している。『出雲国風土記』によると各地を開拓して回っていた須佐之男命はこの地を訪れた際、「ここは小さな国だが住みよいところだ。だから、わが名を岩や木などではなく、当地につけよう」と言われたという。このことから当地は須佐と呼ばれるようになり、須佐之男命終焉の地、御魂が鎮まる霊地として大切にされてきた。

当社はその神霊を祀る神社として、須佐之男命とその妃・稲田比売命の子孫とされる須佐国造が代々司り、須佐之男命の御本宮として須佐大宮・出雲の大宮とも呼ばれてきた。

毎年8月15日に行われる切明神事は念仏を唱えながら踊る念仏踊りを神社の神事として行うもので、県の無形文化財に指定されている。

本殿。典型的な大社造（出雲大社の本殿の建築様式）の社殿。高さが12m余ある。天文23年(1554)の再建。県指定文化財。

神 須佐之男命、稲田比売命、足摩槌命、手摩槌命
出雲市佐田町須佐730
0853-84-0605
JR出雲市駅よりバス約40分「出雲須佐」下車、タクシー約5分

太鼓谷稲成神社

島根県

中央左の大きな社殿が新殿。昭和30年代（1955～65）に参詣者が急増したため新たに建てられた本殿で、昭和44年竣工。旧本殿は元宮として維持されており、御分霊が奉斎されている。太鼓谷稲成神社では元宮→命婦社→新殿→新殿裏奉拝所と巡拝することを四ヶ所参りと呼び、参拝者に勧めている。

神 宇迦之御魂神、伊弉冉尊
鹿足郡津和野町後田409
0856-72-0219
JR津和野駅から徒歩約30分

三本松城の鬼門守護 藩主のみが参拝した社

安永2年（1773）、津和野藩第7代藩主・亀井矩貞が三本松城（津和野城）の鬼門に当たる太鼓谷の峰に城を災いから護るために伏見稲荷大社の分霊を勧請した。これが当社の始まりで、歴代の藩主以外は参拝を許されない藩主の祈願所だったという。

明治以降、庶民にも参拝が許されるようになり、年々その数は増えていった。なお、「稲成」とつけたのは矩貞で、祈願がよく成就するという意味だという。

表参道の千本鳥居。石段は263段、鳥居の数は約1000本。御礼で立てられたものが8割に及ぶという。

水若酢神社

島根県

隠岐の開発と海上鎮護を担った隠岐国一宮

隠岐は不思議なところだ。島根半島の沖50～80㎞の日本海に浮かぶ群島で、広い島ではないが1つの国として扱われ重視されてきた。宗教的にも重要な場所と思われていたらしく、出雲国でさえ2社しかない名神大社が4社も存在した。当社もその1社で、隠岐国一宮でもある。

創建は崇神天皇の御代とも仁徳天皇の御代ともされ、定かではない。御祭神の水若酢命は隠岐の開発と海上鎮護にあたられた神様で、島民からは「明神さん」と呼ばれて親しまれている。隔年の5月3日には隠岐三大祭の1つ、水若酢神社祭礼風流が行われる。

参道より神門と社殿を望む。水若酢神社は島後の北西部の平野に鎮座しており、境内は老松に囲まれている。

中央の建物が本殿（重文）、右が拝殿。本殿は寛政7年（1795）に建てられたもので、神明造に大社造の屋根を載せ春日造の向拝をつけた特殊な形態をしており隠岐造と呼ばれている。

神 水若酢命
隠岐郡隠岐の島町郡723
08512-5-2123
西郷港よりタクシー約25分

赤間神宮

山口県

龍宮造の水天門。昭和33年(1958) 建立。名前は徳富蘇峰の「安徳天皇は水底に鎮み給うたが御霊は天上におられるので水天門と申し奉る」(意訳) という言葉による。

写真提供：山口県

神 安徳天皇
下関市阿弥陀寺町4-1
083-231-4138
JR下関駅よりバス約10分「赤間神宮前」下車、徒歩約2分

壇ノ浦に沈んだ安徳天皇の御霊を祀る

寿永4年（1185）、壇ノ浦の戦いで平家は滅び、わずか8歳だった安徳天皇も二位の尼（平清盛正妻）に抱かれて海中に没した。

その御陵は赤間関の阿弥陀寺に築かれ、建久2年（1191）には勅命により御陵の上に御影堂が建てられたという。

明治の神仏分離に伴い阿弥陀寺は廃寺となり、御影堂は天皇社に改められ、さらに明治8年（1875）には勅命により社名を赤間宮に改名。そして、昭和15年（1940）、赤間神宮に名を改め、官幣大社に列した。

惜しくも戦災で社殿を焼失したが昭和40年に、以前に増して美しく再建され、陸の龍宮とも称されている。

安徳天皇の御命日にあたる5月2日を皮切りに以後三日間、特殊神事先帝祭が行われている。

住吉神社

山口県

神功皇后の新羅遠征を助けた住吉の神の荒魂

当社の起源については『日本書紀』がくわしく述べている。それによると、神功皇后の新羅遠征に先立って住吉神は「和魂は王身に服いて寿命を守らむ。荒魂は先鋒として師船を導かむ」と託宣された。このお告げに力を得た神功皇后の軍は大勝利を収め、その凱旋時に再び神託があった。「我が荒魂をば穴門の山田邑に祭わしめよ」

こうして当社は創建されたという。以後、長門国一宮として、また武神として崇敬を集めてきた。

住吉神社の約4000㎡ある境内は鬱蒼とした森に包まれており、植物の種類は80種に及ぶという。中には武内宿禰御手植えという大楠もある。朱色が鮮やかな楼門は、創建1700年を記念して明治34年 (1901) に再建されたもの。

神 住吉大神、応神天皇、武内宿禰命、神功皇后、建御名方命
下関市一の宮住吉1-11-1
083-256-2656
JR新下関駅下車、徒歩約20分

応安3年 (1370) に大内弘世が寄進した本殿 (国宝)。めずらしい流造と春日造の折衷形となっている。

伊曽乃神社（いそのじんじゃ）

愛媛県

初めて神階を授かった伊予開発の神

当社の御祭神の一柱、武國凝別命は景行天皇の皇子で現在の愛媛県にあたる伊予の開発を命じられて当地に赴き、天照大神を祀って人々を導いたと伝えられる。そして、その子孫は伊予三村別氏を名乗って繁栄し、天照大神と武國凝別命を祀る神社を建てた。これが当社の起源とされる。社伝ではこれを成務天皇7年（137）とする。

天平神護2年（766）に全国の神社で初めて従四位の神階を授けられている。

境内には日本芸術院会員で、文化勲章受章者でもある中村晋也氏の木花之開耶姫命像や、西条市出身の伊藤五百亀氏作の狛犬がある。

神 伊曽乃神（天照大神の荒魂・武國凝別命）
愛媛県西条市中野甲1649
0897-55-2142
JR伊予西条駅よりタクシー約12分

御神木のクスノキ。樹高約30m、幹回り約5.5m、推定樹齢700年といわれている。

伊豫豆比古命神社（いよずひこのみことじんじゃ）

愛媛県

句碑が立ち並ぶ伊予のお椿さん

当社の4柱の御祭神のうち伊豫豆比古命・伊豫豆比売命は伊予の男神・伊予の女神という意味であり、伊与主命は伊予を治める神、愛比売命は伊予国（愛媛）の神霊である。つまり、当社は伊予そのものを祀る神社ともいえ、人々から特別な崇敬を受けてきたのも当然と思われる。

その一方で当社は「椿神社」「お椿さん」と呼ばれ、地域住民からも親しまれてきた。この名前の由来は明らかではないが、かつては周囲が海であったことから「津の脇の神社」と呼ばれていたのがなまったのだとも、境内に椿が繁茂しているからともいわれる。

当社はまた俳句の街・松山にふさわしく句碑が多いことでも知られる。正岡子規などの句碑に加えて、柱石に句を刻んだ句碑玉垣まで造られている。

旧暦の1月7・8・9日に行われる椿まつりは、72時間昼夜を徹したお祭で、参拝者は50万人に及ぶ。県道に並ぶ露店も800店が立ち並ぶ。

神 伊豫豆比古命、伊豫豆比売命、伊与主命、愛比売命
松山市居相2-2-1
089-956-0321
伊予鉄道松山市駅よりバス約20分「椿前バス停」下車、徒歩約10分

韓竈神社（からかまじんじゃ）

島根県

本殿。建物そのものは小さいが、岩の割れ目からこちら側は本殿空間と考えるべきで、この祠はその中でももっとも神聖な神座にあたるといえるだろう。

素盞嗚尊（すさのおのみこと）が乗ってきた岩船と韓の竈の謎を秘めた古社

韓竈神社のことは、天平（てんぴょう）5年（733）に成立した『出雲国風土記』に出雲郡の神社の1社として記されている。そのことから、神話の故郷といわれる出雲でも由緒ある古社と考えられるが、創建の由緒などはわかっていない。江戸時代に編纂された『雲陽誌（うんようし）』には、境内にある岩船と呼ばれる巨石が素盞嗚尊が降臨する時に乗ってきた船だと記されている。

この「韓竈」という社名から、研究者は古代における朝鮮半島との文化交流の跡を推測する。「韓竈」は「韓の溶鉱炉」の意味で鉄器の製造技術を象徴しているのだという。

実際、出雲では5世紀まで朝鮮半島から鉄鉱石を輸入して鉄器を生産していたという。当社の名前や岩船などの伝承は、そうした歴史を反映しているのかもしれない。

大岩の割れ目。この隙間を通らないと本殿のところには行けない。胎内に戻って生まれ直す擬死再生、あるいは邪心の有無を試すイニシエーションの意味があるのだろう。

- 神 素盞嗚命
- 出雲市唐川町字後野408
- 0853-63-0893（出雲観光協会　平田支所）
- 一畑電車雲州平田駅よりタクシー約25分

由良比女神社（ゆらひめじんじゃ）

島根県

鳥居越しに拝殿を望む。この位置からでは見えないが、明治22年(1889)再建の本殿は、大社造と春日造を折衷したような建物で、変態春日造と呼ばれる。

神 由良比女命
隠岐郡西ノ島町浦郷922
08514-7-8888（西ノ島町観光協会）
浦郷港より徒歩約5分

苧桶（おおけ）に乗って海を渡った豊漁の女神様

社伝によると、御祭神の由良比女命（ゆらひめのみこと）は苧桶という糸を納めておくのに用いる桶に乗って海を渡り、西ノ島の当地に鎮座したという。

この時、女神は手で水を掻いていたのだが、その手にイカたちがたわむれて、ついには噛んだりもしたという。イカたちは無礼を悔い、それ以来お詫びをするために浜に押し寄せるようになったのだという。

豊漁と航海の安全を守る神として漁師たちに信仰される一方、隠岐国（おきのくに）一宮として朝廷からも崇敬された。

イカ寄せ浜の鳥居。かつては秋から冬にかけて、この浜にイカが押し寄せていた。

焼火神社（たくひじんじゃ）

島根県

霊火がともった聖山の岩窟

当社は焼火山（たくひやま）（標高452m）の中腹に鎮座する。社伝によると、一条天皇の御代に、海中から出現した光が山中に入るというめでたいことの前ぶれといわれる現象があり、島民が登っていってみると菩薩像のようなものがあった。そこで祠を建てて祀ったのが当社の始まりという。

闇夜の海で方角を失った後鳥羽上皇の船も霊火に導かれたというから、当社は灯台のような役目を果たしていたのかもしれない。以後、船乗りに信仰が広まり各地に勧請された。

神 大日孁貴尊
隠岐郡西ノ島町焼火山
08514-7-8888（西ノ島町観光協会）
別府港よりタクシー約20分焼火山登山口下車、徒歩約15分

岩窟前の狭い場所に社殿が建てられているため、本殿・通殿・拝殿がＬ字形に続いている。享保（きょうほう）17年（1732）建立。3棟ともに重文。

壇鏡神社

だんきょうじんじゃ

島根県

壇鏡の滝（雄滝）と社殿。滝は2つあり、社殿の右が雄滝で落差50m。左の雌滝は落差40mある。

数々の百選に選ばれた勝利の水の滝

隠岐観光の目玉の1つになっている壇鏡の滝は、さまざまな百選に選ばれている。まず、その水質がいいことで環境省の日本の名水百選に。滝の姿が美しいことから日本の滝百選に。また、日本の秘境百選にも選ばれている。

ここに神社が建てられたのがいつなのか明らかではないが、言い伝えによれば、光山寺2代目住職・慶安が霊夢に導かれて隠岐の島町の横尾山を登り、壇鏡の滝を見つけたという。慶安はさらに山を登って今も残る源来の滝に至り、傍らの壇の上に鏡があるのを発見した。そこで源来の滝の近くに社を建てて鏡を祀ったが、土地が狭かったため壇鏡の滝のそばに移したとされる。

前後関係は不明だが、光山寺は隠岐に流罪になった平安前期の文人・小野篁が滞在していたところで、篁は無罪放免となることを願って壇鏡の滝に打たれて祈願したという。

なお、滝の水は病気平癒あるいは長寿になるという御神徳もあるとされている。

崖下の社殿。滝の水は勝利の水といわれ、闘牛や相撲の出場者はこの水で身を清めて試合に臨む。

参道入口。鳥居が杉の大木の内側にあるのは、杉を出雲大社の用材として差し出さずにすますためという。

神　瀬織津姫命、諾浦姫命、大山咋命ほか
隠岐郡隠岐の島町都万那久1617
08512-2-1577（隠岐観光協会）
西郷港よりタクシー約40分駐車場下車、徒歩約5分

轟本瀧神社（とどろきもとたきじんじゃ）

徳島県

轟本滝に続く参道に立つ鳥居。11月の第2日曜日の例大祭では、神輿が140段の石段を駆け下りて轟本滝に入る「お滝入り」が行われる。

トラベルjpナビゲーター：津田泰輔

神 水象女命、国狭槌命、大山祇命
海部郡海陽町平井字王余魚谷21-1
0884-75-2216（轟神社）
JR阿波海南駅よりバス約50分「轟神社前」下車、徒歩約5分

徳島一の滝を御神体とする水の女神の荒魂

轟の滝は大小10の滝の総称で、最下部にあり最大のものが轟本滝である。落差は徳島一の58m。この滝を御神体とする轟本瀧神社は轟神社の摂社であるが、轟神社が水の女神・水象女命（みずはのめのみこと）の和魂（にぎみたま）を祀るのに対し、轟本瀧神社は水象女命の荒魂（あらみたま）を祀る。

創建は天正（てんしょう）19年（1591）で、阿波藩主・蜂須賀家政（はちすかいえまさ）が朝鮮出兵にあたって武運長久を祈ったとも伝えられる。今も祈雨や海上安全などの御神徳を求めて参詣者が絶えない。

轟本滝。轟本瀧神社はこの傍らに鎮座する。この上にはさらに8つの滝があり、最上部の鍋割（なべわ）りの滝が奥宮の御神体。

別役神社（聖神社）（べっちゃくじんじゃ（ひじりじんじゃ））

高知県

別役氏の悲劇を伝える聖神社・別役の大杉

別役氏は長宗我部（ちょうそかべ）氏に従った有力豪族で、当社の裏山に別役城を構えていた（香南市の別役城は分家のもの）。社殿前の大杉は、長宗我部元親（もとちか）の薩摩征伐に従軍した別役秀重（ひでしげ）が出征に際して武運長久を祈って植えたものと伝えられ、樹高35m、幹回り6・4mある。

別役氏は土佐藩初代藩主・山内一豊（やまうちかずとよ）の入国後、所領を奪われ、今は大杉に名を残すのみだ。この杉もかつては2本あったが、1本は台風で倒れたという。

神 不明
香美市香北町西川字テロチ甲478
0887-52-9880（香美市いんふぉめーしょん）
土佐くろしお鉄道のいち駅よりバス約45分「別役」下車、徒歩約30分

薄暗い木立の中に建つ社殿。創建の由緒、御祭神ともに不詳。一説に天照皇大神という。かつては仙之権現とも呼ばれた。

写真提供：鈴木助｜週末旅行記（http://shuumatsuryokouki.com/）

Column ⑤

磐座とは何か？

大地にどっしりと鎮まる天然の大岩に霊威を感じて畏怖する。それが日本人の信仰の原点ともいえる。

須佐之男命の屋敷跡とされる須我神社（島根県雲南市）の奥宮の御神体。夫婦岩ともいわれる。須佐之男命とその后と御子神の神霊が宿っている。

神社以前の信仰を今に伝える磐座

苔むした大岩や不思議な形をした岩塊に畏怖を感じたことはないだろうか。古代の日本人も同様であった。いや、霊的なものに対して現代人より数倍敏感であった彼らは、文字通り畏れおののいたことだろう。

古来、日本人はさまざまなものに霊性を感じてきた。樹木・山河・洞窟・年を重ねた動物・天体……。中でも年月を経ても変わらない岩に対して強く神の存在を感じていた。

そして、そこに宿る神を祀り、あるいはそこに神を招いて祭を行った。このような霊石を磐座という。須我神社（島根県）の奥宮や吉備津彦神社（岡山県）の磐座祭など、今も一部の神社ではこうした信仰が保たれている。

しかし、時代が下るにつれ、多くの神社が磐座での祭祀から社殿での祭祀に重点が移っていった。その理由は一様ではないが、磐座がある場所は山中などの狭く危険な場所が多く、王権を誇示するような華やかな祭事には向かなかったことがある。

やがて磐座への信仰も忘れられ、神が投げた岩とか高僧が座った石といった伝説が語られるようになったところも少なくない。たとえば、女人禁制を破った女性が岩になったと伝えられる姥石なども、多くは磐座であったと思われる。だからといって、磐座信仰が失われてしまったわけではない。岩に対する畏怖の心が謎の岩の正体を明らかにすることを求め、神の祟りや高僧の霊力といった伝説を生み出したのであろう。

丹倉神社（三重県熊野市）の磐座。この神社は大岩の前に小さな祠があるだけで社殿類はなにもない。

第六章

九州の神社

古代から大陸との玄関口として栄えた九州。日向神話、神功皇后の伝説、そして八幡信仰——。この地の社には、古からの記憶と信仰が色濃く刻まれ、受け継がれてきた。

九州を代表する神社

宗像大社
太宰府天満宮
香椎宮
筥崎宮
宇佐神宮
阿蘇神社
宮崎神宮
霧島神宮
鹿児島神宮

一足伸ばしてお参りしたい名社

英彦山神宮
志賀海神社
和多都美神社
青島神社
鵜戸神宮
高千穂神社
天岩戸神社

秘境神社巡拝

上色見熊野座神社
十根川神社
二上神社
羽山積神社（狗留孫神社）

宗像大社

むなかたたいしゃ

福岡県

辺津宮境内。右側が拝殿、左が本殿。本殿は天正6年（1578）に大宮司・宗像氏貞が再建、拝殿は天正18年に筑前領主の小早川隆景が再建した。市杵島姫神を祀る。広大な境内をもち信仰・儀礼の中心となっている。

世界文化遺産となった海の正倉院

宗像大社は3つの宮から成る。宗像市田島の辺津宮、その10㎞ほど沖合の大島に鎮座する中津宮、そして玄界灘に浮かぶ沖ノ島を御神体とする沖津宮である。

沖ノ島は上陸が厳しく制限されてきたこともあって、古代より連綿と続く祭祀遺跡がほぼ完全な形で残されている。未だ学術調査が進んでいない数多くの祭祀遺跡が残っていることから、沖ノ島は多数の文化財などを所蔵する正倉院になぞらえて、「海の正倉院」と呼ばれている。

宗像大社の御祭神である宗像三女神は、天照大神の御子神で、天照大神の神勅を受け、海外の窓口として重要な位置にあった宗像の地に降臨し、お祀りされるようになったという。

神 田心姫神、湍津姫神、市杵島姫神
宗像市田島2331
0940-62-1311
JR東郷駅よりバス約12分「宗像大社前」下車すぐ（辺津宮）

沖津宮。沖ノ島は辺津宮から60km。まさに海の要衝にある。田心姫神を祀る沖津宮は、島の中腹に鎮座している。

中津宮。周囲15㎞の大島に鎮座。宗像三女神の次女神・湍津姫神を祀る。

太宰府天満宮

福岡県

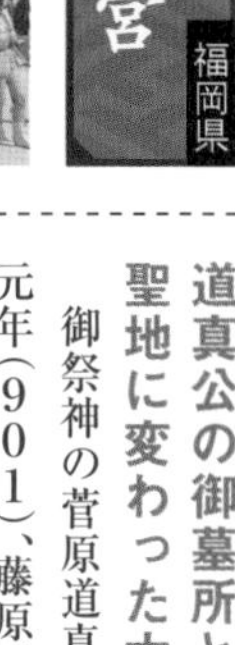

小早川隆景の寄進により天正19年（1591）に建てられた御本殿（重文）。桃山時代らしい華麗な装飾が特徴。その前には飛梅（向かって右）と皇后梅が植えられている。

神 菅原道真公
太宰府市宰府4-7-1
092-922-8225
西鉄太宰府駅より徒歩約5分

道真公の御墓所となり聖地に変わった太宰府

御祭神の菅原道真公は、延喜元年（901）、藤原氏の讒言（事実を偽り、他人を悪くいうこと）により大宰権師として大宰府に左遷させられた。大宰府では政務の実権はなく、配所（南館）を一歩も門外に出られずひたすら謹慎の御生活を送られた。しかし、延喜3年（903）2月25日、無実の罪が晴れることなく、御年59歳で薨去された。

御遺骨を葬った聖地に祀廟を建設したことにより、この太宰府は天神信仰の発祥の地となったのである。

境内には51本の大樟があり、49本が県の天然記念物、写真のほか2本が国の天然記念物に指定されている。

香椎宮

福岡県

仲哀天皇と神功皇后の御霊が眠る香椎の廟

熊襲鎮定の途上で香椎の地で崩御された仲哀天皇のために、その后・神功皇后は同地に祠を建てた。その後、三韓を親征した神功皇后は、改めて仲哀天皇の御霊を祀られたという。これが当社の起源とされる。

神亀元年（724）に皇后の宮も建てられ、両宮併せて香椎廟と呼ばれた。以後、朝野から篤い崇敬を受けている。その後、香椎宮に改名した。

神 仲哀天皇、神功皇后、応神天皇、住吉大神／福岡市東区香椎4-16-1／092-681-1001／JR香椎神宮駅より徒歩約4分

筥崎宮

福岡県

「敵国降伏」の勝運の神社

当社の楼門には「敵国降伏」と書かれた扁額が掛かる。これは延喜21年（921）に醍醐天皇に下された八幡大神の託宣の言葉。この神勅に基づいて、この地に八幡大神の神霊が現在の飯塚市にある大分八幡宮より遷座されたという。筥崎という地名は、神功皇后が応神天皇を出産された時、胞衣を筥に入れて埋めたことによるという。

神 応神天皇（八幡大神）、神功皇后、玉依姫命／福岡市東区箱崎1-22-1／092-641-7431／JR箱崎駅より徒歩約8分、または福岡市営地下鉄箱崎宮前駅より徒歩約3分

宇佐神宮

大分県

勅使門。内郭の南正門で、南中楼門ともいう。勅使が参拝する時に開かれる。高良大明神と阿蘇大明神を御門の神として祀っている。

神 八幡大神、比売大神、神功皇后
宇佐市南宇佐2859
0978-37-0001
JR宇佐駅よりバス約10分「宇佐八幡」下車すぐ

「神仏習合」発祥の地
八幡社の総本宮

八幡宮（八幡神社）は神社の中でもっとも分社が多いとされる。その総本宮が宇佐神宮である。起源については諸説あるが、3柱の主祭神のうち、まず比売大神が宇佐に降臨されたという。『日本書紀』によれば、神代のことである。

八幡大神（応神天皇）が示顕されたのは欽明天皇32年（571）のことで、本殿が建てられたのは神亀2年（725）とされる。天平5年（733）には二之御殿も建てられ、比売大神が祀られた。そして、弘仁14年（823）の神勅により、応神天皇の御生母の神功皇后が三之御殿に祀られたと伝わる。

八幡大神は『古事記』『日本書紀』の神話には登場しない神様であるが、時代の要請により次第に信仰が広まっていった。朝廷で重視されるようになっ

参道…主祭神が祀られる本殿（上宮）は小椋山に鎮座するので境内には石段が多い。

呉橋…西参道にある屋根付きの橋。10年に一度の勅祭の時のみ開かれる。

若宮神社…応神天皇の皇子である仁徳天皇を祀る。御祭神の御姿を現した木造神像は国重文。

下宮（御炊宮）…嵯峨天皇の勅願によって創建され、上宮の本殿と同様に主祭神3柱を祀る。

本殿（国宝）…八幡造の社殿が3棟横に並んでいる。八幡大神を祀る一之御殿は中央ではなく、向かって左。八幡造は切妻平入りの建物を2棟前後につなげたもので、前は神が昼間おられる外院、後ろは夜休まれる内院である。

仲秋祭

10月の体育の日を最終日とする3日間。養老4年（720）の乱で討たれた隼人の霊を慰める祭。明治以前は放生会といった。和間神社（宇佐市松崎）まで神輿渡御が行われ、和間神社では六郷満山の僧侶も加わって迎講が行われる。その翌日には隼人の霊の依り代とした蜷（巻き貝の一種）を海に流す。

たきっかけは、養老4年（720）の隼人の乱を神威によって鎮定したことであったという。神護景雲3年（769）の弓削道鏡による皇位簒奪未遂事件においても、道鏡の野望を打ち砕く役割を果たし、国の危機を救う神として知られるように。以後、元寇など国難のたびに信仰が高まり、分社が造られていった。また、東大寺大仏の建立を助けたことから、寺院の鎮守としても祀られるようになった。

中世以降は源氏をはじめとした武士が武門の守り神、祖神に準ずるものとして信仰し、それぞれの拠点に八幡大神を勧請したという。

阿蘇神社

熊本県

阿蘇山に鎮座する壮大なる開拓神

肥後国一宮である阿蘇神社は神武天皇の孫神の健磐龍命とその家族神11柱を祀る。健磐龍命は阿蘇地方を開拓した神。阿蘇山の外輪山を蹴り崩してカルデラ湖の水を流したという壮大な神話も伝えられている。宮司職を世襲してきた阿蘇氏は健磐龍命の子孫とされ、阿蘇国造となり、この地域を宗教と政治の両面で治めていた。

熊本地震で倒壊し、現在修理中の楼門の覆屋（素屋根）。二重門形式の楼門は嘉永3年（1850）に竣工されたもの。

現在の社殿は熊本藩の寄進によって建てられたもので、熊本地震による被害の修復工事は、楼門以外すべて完了した。

熊本地震によって倒壊した後、2021年6月に再建工事が完了した拝殿。拝殿の再建は、熊本県産の木材、阿蘇地域材のほか、南北鳥居と同じく熊本県立阿蘇中央高校演習林からの寄贈材を用材にして進められた。

神 健磐龍命をはじめ家族神12神
阿蘇市一の宮町宮地3083-1
0967-22-0064
JR宮地駅より徒歩15分

写真提供：阿蘇神社

宮崎神宮

宮崎県

神武天皇宮居の跡地に鎮座 初代天皇をお祀りする

神武天皇の孫に当たる健磐龍命（阿蘇神社の御祭神）が九州の長官に就任した際に、祖父のご功績を称えるために鎮祭したのが始まりとされる。

その後、崇神天皇、景行天皇の熊襲征討の際に社殿のご造営があり、応神天皇の御代には、日向の国造が修造鎮祭せられた旨が伝えられる。

明治以前は神武天皇宮、神武天皇社と呼ばれていたが、明治6年（1873）に宮崎神社、明治11年（1878）に宮崎宮、大正2年（1913）に宮崎神宮と改称。現在の社殿は日向の名材「狭野杉」を用いて、明治40年（1907）に建立された。

当宮の西北約2㎞先に鎮座する摂社・皇宮神社は、宮崎神宮の元宮とも伝えられ、神武天皇宮崎の宮の跡地と顕彰される。境内には、「皇軍発祥之地碑」が建つ。

毎月初めの1日＝朔日に神社をお参りし、新しい月の無事を祈願する「朔日参り」。宮崎神宮では毎月1日に月替わりの「参拝餅」を頒与している。

神 神日本磐余彦天皇（神武天皇）、鸕鷀草葺不合尊、玉依姫命
宮崎市神宮2-4-1
0985-27-4004
JR宮崎神宮駅より徒歩約10分

霧島神宮（きりしまじんぐう）

鹿児島県

傾斜地を巧みに利用して門守神社・勅使殿・拝殿・本殿が階段状に並ぶよう配置されている。正面からは見えないが、勅使殿と拝殿は登廊下で結ばれている。すべて重文。

- 神　天饒石国饒石天津日高彦火瓊瓊杵尊、木花開耶姫尊、彦火火出見尊、豊玉姫尊、鵜鸕草葺不合尊、玉依姫尊、神倭磐余彦尊
- 霧島市霧島田口2608-5
- 0995-57-0001
- JR霧島神宮駅よりバス約10分「霧島神宮前」下車すぐ

瓊瓊杵尊降臨の聖地　霧島山を仰ぐ古社

霧島山の高千穂峰は天照大神の御孫神・瓊瓊杵尊が降臨された霊地とされる。当宮はかつて高千穂峰と噴火口の中間にある脊門丘に鎮座しており、欽明天皇の御代に社殿が建てられたという。しかし、噴火によりたびたび社殿が焼失したため、10世紀に天台宗の名僧・性空が高千穂河原に遷した。現在地に遷座したのは島津氏第11代当主・島津忠昌の時のことだ。今の社殿は島津氏第21代当主・吉貴によって正徳5年（1715）に建てられたもので、造営には10年の歳月を要したという。

なお、霧島山は韓国岳・高千穂峰・新燃岳・夷守岳・獅子戸岳・甑岳などの諸山岳の総称で、最高峰は韓国岳（標高1700m）。山麓には霧島岑神社・狭野神社・霧島東神社・東霧島神社などが鎮座している。

鹿児島神宮（かごしまじんぐう）

鹿児島県

楠並木の表参道を歩んでくると、この石段に出る。手前の石橋は神橋。これを渡ると聖域だ。石段の上には社務所があり、さらに登ると石垣の上に建つ社殿群の前に出る。

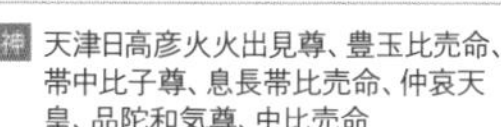

- 神　天津日高彦火火出見尊、豊玉比売命、帯中比子尊、息長帯比売命、仲哀天皇、品陀和気尊、中比売命
- 霧島市隼人町内2496-1
- 0995-42-0020
- JR隼人駅より徒歩約15分

海幸彦・山幸彦　神話の神様を祀る御宮

鹿児島神宮の御祭神は海幸山幸の神話によるところの社で創祀は遠く神代にあり、また皇孫・神武天皇の御代なりとも伝えられている。御祭神・彦火火出見尊（別名・山幸彦）は筑紫の国開拓の祖神と言われる。

この地に高千穂宮（皇居）を営み給い、農耕畜産漁猟の道を指導し、民政安定の基礎をお創りになられた御祭神である。

大隅国一之宮としても信仰を集め、明治7年（1874）に神宮の社号を頂き、鹿児島神宮と改められた。

中央の唐破風をもつ建物が勅使殿。この後ろに拝殿・本殿がある。

英彦山神宮

ひこさんじんぐう

福岡県

中腹の奉幣殿（国指定重要文化財）へと続く石段。紅葉の名所としても知られ、道の両側には雪舟庭園や町立英彦山歴史民俗資料館、宝篋印塔などがある。奉幣殿へはスロープカーも設備されており、容易に参拝することができる。

神 正勝吾勝勝速日天之忍穂耳命、伊耶那岐命、伊耶那美命
田川郡添田町英彦山1
0947-85-0001
JR彦山駅よりバス約15分「銅の鳥居」下車、スロープカー約20分

太陽神の御子「日子」を祀る日本三大修験山の１つ

英彦山は北部九州を東西に横断する筑紫山地の最高峰で、標高は１１９９ｍある。山頂は北岳・中岳・南岳の３峰に分かれており、英彦山神宮の御本社（上宮）は中岳の山頂（標高１１８９ｍ）に鎮座している。

修験道に伝わる縁起によれば、英彦山が開山されたのは継体天皇25年（５３１）のことで、魏の国から訪れた善正が山中で修行をしたことに始まるという。

当時は天照大神の御子神（正勝吾勝勝速日天之忍穂耳命）を祀ることから、山の名を日子山と表記していた。これに対し嵯峨天皇は、弘仁10年（８１９）に「日子」を「彦」に改めるよう詔を下した。さらに享保14年（１７２９）には霊元法皇が院宣の文書によって「英彦山」の表記にするよう定めている。

このように皇室からも崇敬を受けた英彦山であるが、中世には鎮西修験道の一大道場となり、出羽三山・熊野三山（または大峯山）と並ぶ日本三大修験山の１つに数えられるようになった。『梁塵秘抄』にも「筑紫の霊験所は（略）竈門の本山彦の山」と詠まれている。

英彦山には文化人も多く訪れている。たとえば、雪舟は15世紀半ばに英彦山に滞在し庭園を造っている。

標高1189mの中岳山頂に鎮座する御本社（上宮）。神武天皇が東征の折に天村雲命を派遣して祭祀を行ったのが始まりとする。

志賀海神社（しかうみじんじゃ）

福岡県

古代日本の海洋氏族が祀った海の神の総本社

当社の御祭神、底津綿津見神・中津綿津見神・表津綿津見神は、伊邪那岐命が黄泉国から戻って禊をした時に生まれた海の神である。伊邪那岐命が禊をしたのは志賀島とも宮崎市ともいうが、今のところ定説はない。しかし、当社がこの綿津見神（海神）信仰の総本社であることは間違いない。

当社の創建時期は不明だが、大陸や朝鮮半島との交易に携わってきた海洋氏族の阿曇氏によって奉斎されてきた。当初は島の勝馬に表津宮・仲津宮・沖津宮が鎮座していたが、2〜4世紀までに表津社が南に遷座し、他の2社の御祭神も合祀したという。以後、海上安全の神として朝廷からも崇敬されてきた。

写真提供：福岡市

楼門。参道の緑は鬱蒼として、どこか南国の島を思わせる。神話時代の光景の名残だろうか。

遙拝所。鳥居下の亀石は、神功皇后が戦勝祈願をされた際に神を乗せて出現した金亀が変じたものだという。

- 神 綿津見三神
- 福岡市東区志賀島877
- 092-603-6501
- JR西戸崎駅よりバス約10分「志賀島」下車、徒歩約10分

http://www.shikaumi-jinja.jp/

和多都美神社（わたつみじんじゃ）

長崎県

山幸彦が留まった海神の宮の跡とされる

皇祖神神話の中でもとくに親しまれてきた海幸・山幸の話。その山場は、山幸彦（彦火火出見尊）がなくした兄の釣り針を求めて綿津見神（海神）の宮を訪ねる場面だろう。当社はこの地が海神の宮の跡だとしている。

本殿の裏に和多都美神（豊玉彦命）の姫神で山幸彦の妃となる豊玉姫命の墳墓があるのを、海の神の宮の跡である証としている。なお、山幸彦と豊玉姫命は神武天皇の祖父母にあたる。

海中鳥居。沖から順に一の鳥居、二の鳥居。干潮の時には一の鳥居まで歩いていくことができる。

※一の鳥居は令和2年（2020）の台風により倒壊。現在再建プロジェクトが進行中。

社殿。「わたつみ」とは海の神のこと。対馬には「わたつみ」とつく神社が多いが、当社は9世紀に神階を授かった記録があり、創建はこれ以前にさかのぼる。

- 神 彦火火出見尊、豊玉姫命
- 長崎県対馬市豊玉町仁位字和宮55
- 0920-58-1488
- 対馬空港より車で約40分

青島神社
宮崎県

亜熱帯の島に築かれた彦火火出見命の宮

周囲1・5㎞ほどの青島は、亜熱帯の植物（天然記念物）に覆われた島。綿津見（海神）の宮から戻った山幸彦こと彦火火出見命が、宮を建てるにふさわしい聖なる島である。

当社はその宮跡に創建されたと伝えられる。その時期は不詳だが、平安時代の国司巡視記に嵯峨天皇の御代にはすでに存在していたことが記されている。中世以降は領主の崇敬を受け、社殿などの寄進を受けた。

元宮。青島神社の旧鎮座地とされる。ここからは弥生式土器や獣骨が出土しており、古代の祭祀跡と思われる。

- 神 彦火火出見命、豊玉姫命、塩筒大神
- 宮崎市青島2- 13-1
- 0985-65-1262
- JR青島駅より徒歩約10分

鬼の洗濯板。青島を取り巻く波状の岩。砂岩と泥岩が交互に積もった地形が波の浸食で凹凸になったもの。天然記念物。

鵜戸神宮
宮崎県

豊玉姫命が出産された日南海岸の洞窟

なくした兄の釣り針を求めて海神の宮を訪れた彦火火出見命は、海神の娘・豊玉姫命と結ばれる。豊玉姫命は地上で出産するが、決して覗くなという禁を彦火火出見命が犯してしまったため、御子を残して海に去っていく。この神話の舞台となったのが、鵜戸神宮の本殿が鎮座する洞窟だという。

この時誕生した御子が、御祭神である日子波瀲武鸕鷀草葺不合尊、神武天皇の父神である。

本殿（左にわずかに見える洞窟の中に鎮座している）前の日向灘。奇岩が多く、亀石・御舟石・二柱石など伝説を秘めているものもある。

- 神 日子波瀲武鸕鷀草葺不合尊
- 宮崎県日南市大字宮浦3232
- 0987-29-1001
- JR油津駅よりバス約20分、「鵜戸神宮」下車、徒歩約10分

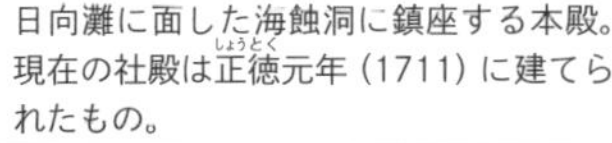

日向灘に面した海蝕洞に鎮座する本殿。現在の社殿は正徳元年（1711）に建てられたもの。

高千穂神社（たかちほじんじゃ）　宮崎県

拝殿。奥の本殿は安永7年（1778）に延岡藩主・内藤政脩が建てたもの。三毛入野命が鬼八を退治する像などの彫刻が見事で重文に指定されている。

神　高千穂皇神（瓊瓊杵尊、彦火火出見尊、鵜鷀草葺不合尊ほか）
所在地　西臼杵郡高千穂町大字三田井1037
電話　0982-72-2413
交通　JR延岡駅よりバス約80分「高千穂バスセンター」下車、徒歩約15分

神武天皇の兄三毛入野命を祀る古社

高千穂町では『古事記』『日本書紀』には語られていない神話が伝わっている。その1つが神武天皇の兄である三毛入野命の活躍だ。

『古事記』は、三毛入野命は海を越えて常世国に行ってしまったとするのだが、高千穂の伝説では高千穂に戻って当社の鎮座地に宮を建てたという。そして、鬼八という鬼を退治して捕らわれていた鵜目姫命を助けて妃にした。三毛入野命と鵜目姫命とその御子神は、十社大明神として当社に祀られている。

高千穂峡…五ヶ瀬川の渓谷で、高千穂随一の人気スポット。奥の真名井の滝は高天原にあったものという。

天岩戸神社（あまのいわとじんじゃ）　宮崎県

西本宮…岩戸川の西側に鎮座。天岩戸を拝する場所に社殿があり、天岩戸を御神体とする。

東本宮…岩戸川東側に鎮座。天岩戸から出た天照皇大神が最初に住まわれた所とされる。

神　大日孁尊（天照皇大神）
所在地　西臼杵郡高千穂町岩戸1073-1
電話　0982-74-8239
交通　JR延岡駅よりバス約60分「高千穂バスセンター」乗換、バス約20分「天岩戸神社」下車すぐ

天岩戸を御神体とし岩戸川をはさんで鎮座

素戔嗚尊の乱暴狼藉に腹を立てた天照皇大神（大日孁尊）が天岩戸に身を隠されたという神話は高天原を舞台としているが、当社の社伝によれば天岩戸神社の御神体である天岩戸こそ、この神話のモデルになった場所という。川越しに天岩戸を遙拝するところに西本宮、天岩戸より下流側に東本宮が鎮座している。

岩戸川の上流側には、神々が天照皇大神を誘い出す方策を相談した場所とされる天安河原もある。

天安河原…仰慕ヶ岩屋ともいう。

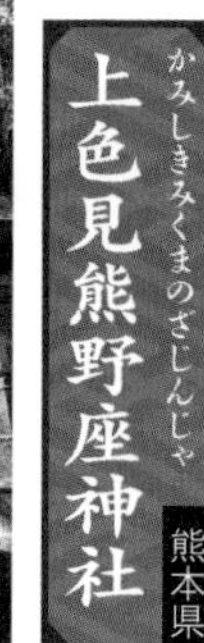

上色見熊野座神社（かみしきみくまのざじんじゃ）

熊本県

大杉の森の中、苔むした石段が続く参道。苔をまとい森と一体化した鳥居や石燈籠が美しい。アニメ『蛍火の杜へ』のロケ地となったことでも有名。

- 神 伊邪那岐命、伊邪那美命、阿蘇大明神荒神
- 阿蘇郡高森町上色見2619
- 0967-62-1111（高森町政策推進課）
- 南阿蘇鉄道高森駅よりタクシー約10分

写真提供：高森町

阿蘇山信仰と熊野信仰が出会った霊地

上色見熊野座神社を訪れた者は、その参道の光景に息を飲む。杉と苔に包まれたその空間は、まさに神の領域と呼ぶにふさわしい。しかし、ここは原生の森ではなく、人の手と自然の共同によって生まれたものだ。

社伝によると、当社は阿蘇大明神の荒魂である石君（いわぎみ）大将軍の兜に出現した熊野大神（伊邪那岐命・伊邪那美命）を祀るという。社殿を建てるべき場所を探していた時、大きな鳥が榊（さかき）をくわえて穿戸磐（うげといわ）に飛んだので、ここに社を建てたと伝えられる。

穿戸磐（うげといわ）。阿蘇大明神の従者・鬼八が、怒った阿蘇大明神から逃げるために蹴破ったと伝えられる大風穴。

十根川神社（とねがわじんじゃ）

宮崎県

八村杉。社殿の西側にそびえる杉の大木。那須大八郎宗久が平家の残党を討伐するために当地を訪れた際に植えたという。樹齢約800年、樹高54.4mで、日本で2番目の樹高を誇る。国の天然記念物。

十根川神社は耳川の支流・十根川の左岸に鎮座する。入口はあまり目立たないが通り過ぎたらもったいない。

- 神 大己貴乃命
- 東臼杵郡椎葉村大字下福良898-1
- 0982-67-3139（椎葉村観光協会）
- JR日向市駅よりバス約150分「上椎葉」下車、タクシー約15分

平家の落人伝説 十根川神楽と八村杉（やむらすぎ）

社伝によると、当社の創建は元久（げんきゅう）元年（1204）で、近隣8カ村の氏神とされたことから八村大明神と呼ばれた。

境内には大杉が林立しており、中でも大きな八村杉は平家の残党を討つためにこの地を訪れた那須大八郎宗久（なすのだいはちろうむねひさ）が植えたものと伝わる。

当社はまた椎葉神楽（しいばかぐら）の一種、十根川神楽が伝わることでも知られる。12月第3土・日にて土曜日の夜から翌日の昼前まで神楽殿で演じられ、さらに神社の拝殿でも奉納される。

二上神社（ふたがみじんじゃ）

宮崎県

天孫降臨の場とされるもう一つの聖なる山

瓊瓊杵尊（ににぎのみこと）が高天原から降臨された場所は高千穂の「くしふる峯」だと『古事記』は述べるが、『日向国風土記』などは「二上嶽」とも述べている。この「二上嶽」が、当社が鎮座する二上山（ふたがみやま）だとされる。二上山は男岳・女岳という2つの頂上があり、当社はもともと男岳の頂上近くにあった。しかし、冬期は参拝が難しいことから、昌泰（しょうたい）元年（898）に御祭神の神霊を麓に遷座し、北東麓に当社、南西麓に三ヶ所神社が創建された。

拝殿前に続く石段。傾斜がきついので足をすべらさないよう要注意。

拝殿。奥の本殿は屋根の下の妻部分や脇障子などに神像などの精緻な彫刻がある。

神 伊弉諾尊、伊弉冉尊
高千穂町大字押方2375-1
0982-83-1373
JR延岡駅よりバス約80分「高千穂バスセンター」下車、タクシー約20分

羽山積神社（はやまつみじんじゃ）（狗留孫神社（くるそんじんじゃ））

宮崎県

栄西（えいさい）が熊野権現を勧請した霊地

狗留孫（くるそん）という社名は、釈迦より前に出現したとされる6人の仏（釈迦を含めて過去七仏という）のうち4番目の狗留孫仏（拘留孫仏）に由来している。経典によると、この仏が生まれたのははるか昔のこととするが、土地の伝説では山腹の奇岩が狗留孫仏誕生の地だとする。

当社が創建されたのは建久（けんきゅう）2年（1191）のこと。宋から帰国したばかりの僧・栄西が霊夢に導かれて登山し、霊地であるこの場所に熊野権現を勧請したのだという。

狗留孫岩。石卒塔婆とも呼ばれる。この山に住んでいた龍王が狗留孫仏にお願いをして立てた卒塔婆という。

社殿。狗留孫山山上にある大岩の上に建てられている。この岩の周りを右に回ると願いがかなうという。また、狗留孫岩を拝して当社を参拝すると、あらゆる罪が消えるともいう。

神 伊弉諾尊、伊弉冉尊、応神天皇ほか
えびの市大河平902
0984-35-3838（えびの市観光協会）
JRえびの飯野駅よりタクシー約70分

Column ⑥

聖地をめぐる鉄道

実は密接な関係がある社寺と鉄道。地域の歴史や信仰とともに歩んできた参詣路線をめぐる旅に出てみよう。

粟津稲生(あわついなり)神社の鳥居と"ばた電"こと一畑電車。鳥居と鉄道のツーショットは旅愁を誘うものがあるが、鉄道と神社の歴史は幸福なものばかりではなかった。

鉄路は聖地を目指し様相を変えた社寺参詣

明治20年代以降、鉄道開発は国家主導から民間資本参入の時代に移った。これに伴って出現してきたのが、社寺などの聖地へ向かう路線、いわゆる参詣路線である。

今のように娯楽の種類が豊富ではなかった当時、社寺とその門前町は信仰の場であるとともに一種のテーマパークでもあった。そのため各地から人や物資が集まった。新たに鉄道事業に参入しようとした地方の実業家たちは、ここに目をつけたのだ。

社寺が目的地ではない路線も、途中に有名社寺があればその近くに駅を造り、往復割引切符を発売するなどして乗客の増加をはかった。

これによって参詣の形は大きく変わった。それまで何日もかけて参詣していた社寺が日帰りも可能になり、女性や老人も気軽に行けるようになったのだ。

団体参拝も登場し、有名社寺の参詣者は爆発的に増えた。また、それまで地域でしか知られていなかった社寺が全国的に知られるようになるということもあった。

その一方で参詣路はすたれ、参拝者相手の宿も寂れた。鉄路に境内や参道が分断される社寺も出現した。

初詣の流行も鉄道によるものとされる。鉄道の進化によって今後も新たな信仰が生まれるかもしれない。

御霊(ごりょう)神社の社頭を横切る江ノ電。典型的な鉄道による参道分断であるが、かつては神社前に駅もあった。

■関東の主な聖地鉄道

国鉄vs私鉄の乗客獲得競争

関東の聖地鉄道（※）で特筆すべきは、日光と成田で起こった国鉄対私鉄の乗客獲得競争であろう。成田では成田山新勝寺への参詣者をめぐって、国鉄と京成電鉄が運賃や運転本数などで競い合った。一方、日光では東照宮などへの参拝者をめぐって国鉄に東武鉄道が勝負を挑んだ。こちらでは優等列車（特急やこれに準じる豪華列車）の投入合戦が繰り広げられた。

この戦いは対照的な結末を迎えた。成田では目的地を空港に変えて今も続いているが、日光では相互乗り入れをして共栄する道が選ばれたのだ。

主な路線は下にあげたが、人車鉄道が前身の京成金町線（柴又帝釈天への参詣路線）や、関東最初の電気鉄道であった京急大師線（川崎大師への参詣路線）も重要だ。

※参詣路線に限らず社寺と関係が深かった路線全般を指す筆者の造語

大鳥神社の前を通る都電最後の路線・荒川線。

都電荒川線

かつて都内を縦横に走っていた都電も今やこの路線のみ。中世初期、豊島氏が王子神社を創建して熊野に擬した王子を起点として敷設された。

山名八幡宮の参道は上信電鉄の線路の下をくぐっている。

上信電鉄

高崎と下仁田を結ぶ路線。沿線には一之宮貫前神社・山名八幡宮のほか、ユネスコの「世界の記憶」に選ばれた上野三碑や世界文化遺産の富岡製糸場もある。

京王電鉄

薬王院がある高尾山への参詣路線というイメージが強いが、戦前は多摩御陵（大正天皇陵）へ向かう路線がウリだった。大國魂神社（府中）・高幡不動を結ぶ路線でもある。

江ノ島電鉄

江島神社が鎮座する江ノ島を社名にしているが、鎌倉大仏・長谷寺・極楽寺・御霊神社・龍口寺・遊行寺など沿線には聖地が数多い。開業日は龍口寺の法難会に合わせたものだった。

東武鉄道

日光線のことは上に書いたが、東武には1駅だけの聖地鉄道・大師線もある（西新井大師への参詣路線）。東武スカイツリーライン・伊勢崎線の沿線には浅草寺・鷲宮神社・茂林寺・鑁阿寺・足利織姫神社などがある。

秩父鉄道

秩父は西国三十三所霊場・坂東三十三所霊場と並ぶ秩父三十四所霊場がある聖地。秩父鉄道は秩父織物などの輸送を目的として敷設された鉄道であるが、宝登山・三峰山の参詣者輸送も重視した。

伊豆箱根鉄道

小田原と最乗寺がある大雄山を結ぶ大雄山線と、三嶋大社の門前町・三島と修禅寺がある修善寺を結ぶ駿豆線の2路線をもつ。大雄山線は、最乗寺の参拝と地域の交通利便のためにつくられた。

■関西の主な聖地鉄道

社寺が多く歴史も古い関西の聖地鉄道も多彩

鉄道発展期に各地に現れた零細聖地鉄道は、やがて合併吸収を繰り返して大きな鉄道会社に発展していった。その代表が近畿日本鉄道だ。近鉄の複雑に入り組んだ路線は、数々の路線を呑み込んだ。たとえば、金峯山寺や吉野水分神社などがある吉野山へ向かう吉野線は、吉野鉄道によって建設された。道明寺線・南大阪線・長野線は河陽鉄道、天理線は天理軽便鉄道、生駒線は信貴生駒電鉄、田原本線は大和鉄道、志摩線は志摩電気鉄道が造った路線だ。

もちろんJRも忘れてはならない。奈良線は伏見稲荷大社・萬福寺・平等院といった有名社寺の門前を通って奈良と京都を結ぶ。桜井線の北部は山辺の道に沿って走っている。

叡山電車

比叡山に向かう叡山本線と鞍馬山に向かう鞍馬線の2路線から成る。それぞれ延暦寺・鞍馬寺へ向かう生粋の参詣路線であるが、アニメの“聖地巡礼”の先駆けになった路線でもある。

車折神社境内から嵐電を見る。ただし、こちらは裏口。

和歌山電鐵

和歌山と貴志を結ぶ路線。廃止予定の貴志川線を引き継いだ際、助けた三毛猫たまの恩返しで復活したことで有名。日前・國懸神宮、伊太祁曽神社、竈山神社などを結ぶ聖地鉄道でもある。

京福電気鉄道（嵐電）

蚕ノ社・太秦広隆寺・車折神社・鹿王院・等持院・龍安寺・妙心寺・御室仁和寺。駅名を並べるだけでいかに聖地鉄道かおわかりだろう。

能勢電鉄

妙見（北斗星・北極星）信仰で有名な能勢妙見山に向かう路線。かつて参詣者が歩いて参拝した能勢街道に沿って走っている。三ツ矢サイダーを輸送した路線でもある。

奈良の古社寺めぐりは近鉄が便利。薬師寺西塔と近鉄特急。

水間鉄道

貝塚と水間観音を結ぶ路線。水間観音とは天台宗別格本山の水間寺のことで、創業者は徒歩で水間寺へ向かう人々を見て鉄道敷設を思い立ったという。水間観音駅の社寺風駅舎は必見。

JR桜井線（万葉まほろば線）

奈良と高田を結ぶ。愛称からもわかるように、『古事記』『日本書紀』『万葉集』で語られる神話や歴史の舞台を走る。とくに奈良～桜井は名のある古社が並ぶ。

近畿日本鉄道

前身の大阪電気軌道（大軌）時代から有名社寺の門前への延伸を積極的に行い、中小の聖地鉄道の合併も繰り返し巨大私鉄に成長した。

■全国の主な聖地鉄道

地域の特色を反映する各地の聖地鉄道

地域性なのか産業構造の違いなのか、北海道や東北には強いてあげるとすれば、JR仙石線くらいだ。

中日本は弥彦山（彌彦神社）に向かうJR弥彦線、立山に向かう富山地鉄立山線、富士山の西麓の社寺を結ぶJR身延線など、霊山に関わる聖地鉄道が多い。

中国地方は残念なことに典型的な聖地鉄道が廃線になっている。最上稲荷に向かう中国鉄道稲荷山線と、出雲大社に向かうJR大社線だ。しかし、一畑電車やJR吉備線が頑張っている。

四国は金刀比羅宮に向かう路線が4本も敷かれたが、ことでんとJR土讃線が生き残った。

九州では福岡に聖地鉄道が集中している。西鉄太宰府線、JR香椎線、JR鹿児島本線などだ。

高松琴平電気鉄道（ことでん）

金刀比羅宮の門前の琴電琴平と高松などを結ぶ鉄道。沿線には四国八十八ヶ所の霊場寺院も多い。金刀比羅宮への参詣者争奪戦で生き残った強者だ。

西日本鉄道（西鉄）

現在4路線があるが聖地鉄道と呼べるのは、太宰府天満宮がある太宰府に向かう太宰府線と、沿線に警固神社・高宮八幡宮・大善寺玉垂宮などがある天神大牟田線の2路線。

JR日豊線

全長462.6km、九州の東海岸を走って小倉と鹿児島を結ぶ路線。北部には八幡宮の総本宮である宇佐神宮や神仏習合の聖地・国東半島、南部は日向三代の神話の舞台を通る。

富士急行大月線

大月と富士山（旧・富士吉田）を結ぶ。前身は馬が車両を引く馬車鉄道であった。沿線には北口本宮冨士浅間神社や小室浅間神社、西念寺など富士山信仰に関わる社寺が多い。

JR吉備線

岡山と総社を結ぶ路線。桃太郎線の愛称もある。沿線には吉備津彦神社・吉備津神社・最上稲荷・備中国総社宮などがある。

一畑電車

電鉄出雲市～松江しんじ湖温泉の北松江線と、川跡～出雲大社前の大社線の2路線から成る。もともとは一畑薬師への参詣客の輸送を目的とし1300段の石段下に駅があったが、その区間は戦時中に営業休止、その後、廃線となった。

■社寺風駅舎を訪ねる

社寺風駅舎とは社殿や仏堂を模して建てられた駅舎のことをいう。有名社寺の最寄り駅でこうした駅舎が造られた。多くは建て替えの危機に直面する絶滅危惧種だ。

旧大社駅（JR大社線）

曽田甚造の設計で大正13年（1924）竣工。社寺風駅舎の傑作。重文。

御嶽駅（JR青梅線）

昭和4年（1929）開業。武蔵御嶽神社を意識した駅舎。関東の駅百選の1つ。

水間観音駅（水間鉄道）

大正15年（1926）建築。塔を模したためずらしい設計。登録有形文化財。

琴平駅（JR土讃線）

大正11年（1922）竣工。洋風建築に神紋などを盛り込む。登録有形文化財。

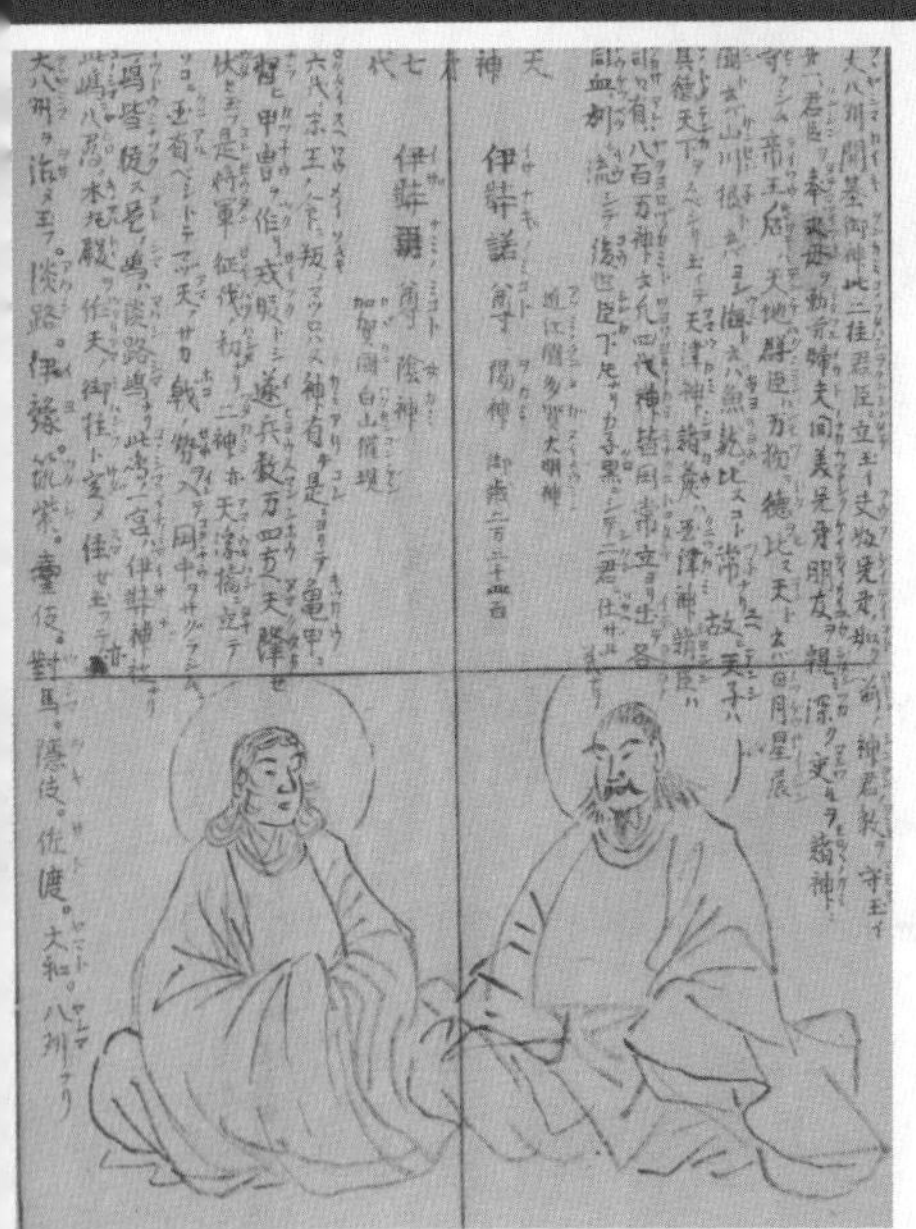

国生みの夫婦神

伊邪那岐命（いざなぎのみこと）
伊邪那美命（いざなみのみこと）

天地の始めに出現した5柱の神々が身を隠した後、7世代の神が現れる。その最後の世代にあたる夫婦神。まだ泥沼状態の地上に大地を作ることを命じられて降臨。まずオノゴロ島を作って、ここで結婚をした。そして、日本の国土を生み、続いてそこで活動する神々を生む。しかし、伊邪那美命は火の神を産んだことにより火傷で死去。伊邪那岐命は死者の国まで迎えに行くが連れ帰りに失敗する。

別 伊弉諾尊・伊弉冉尊／分 天津神／⛩ 多賀大社（P.83）、三峯神社（P.49）、伊弉諾神宮（兵庫県）、花窟神社（三重県）、佐太神社（島根県）など／徳 国家安泰、延命長寿、夫婦円満、縁結びなど

八百万（やおよろず）の神々の頂点に立つ太陽の女神

天照大御神（あまてらすおおみかみ）

日本神話の最高神で、天皇の祖先神。伊邪那岐命・伊邪那美命が生んだ神の中でもっとも貴いことから弟の月読命（つくよみのみこと）・須佐之男命（すさのおのみこと）とともに三貴子（さんきし）と呼ばれる。太陽神であり、須佐之男命が高天原で暴虐な行為を行った際には天の岩屋に隠れて天地をまっ暗にした。

天照大御神は天の神（天津神）が住まう高天原の支配者であるが、地上も自らの子孫が治めるべきと考え建御雷神（たけみかづちのかみ）などを派遣して平定した。そして、地上の統治者として孫（天孫）の邇邇芸命（ににぎのみこと）を降下させる。これを天孫降臨という。

別 天照大神、天照坐皇大御神、大日孁貴神、日前（國懸）大神／分 天津神・皇祖／⛩ 伊勢神宮（P.82）、駒形神社（P.30）、姥神大神宮（P.32）、上川神社（P.32）、日前神宮・國懸神宮（P.89）、籠神社（P.96）廣田神社（p.99）、瀧原宮（P.101）、伊曽乃神社（P.119）、天岩戸神社（P.135）、全国の神明社など／徳 国家安泰、子孫繁栄、五穀豊穣、厄除開運など

用語解説① 天津神（あまつかみ）…高天原（たかまのはら）（日本神話における天上の国）に住んだ神と、そこから地上（日本）に降った神の総称。

いろいろと騒ぎを起こすやんちゃな神

須佐之男命（すさのおのみこと）

天照大御神・月読命・須佐之男命の三貴子が生まれた時、伊邪那岐命はそれぞれに高天原・夜の国・海原の統治を命じた。ところが、須佐之男命は泣いてばかりいて務めを果たさない。このため伊邪那岐命は地下の根の国への追放を決める。

しかし須佐之男命は根の国に行く前に高天原に向かい、天照大御神の天の岩屋隠れ騒動を引き起こしてしまう。そして高天原からも追放され、出雲に降下。ここで八岐大蛇を退治して助けた櫛名田比売命と結婚する。最終的には根の国の王となり若き日の大国主神に試練を与える。

別 素戔嗚尊／分 国津神／⛩ 氷川神社（P.47）、八坂神社（P.85）、熊野大社（P.107）、須佐神社（P.116）、日御碕神社（p.116）など／徳 縁結び、病気平癒、厄除開運、夫婦円満など

※神名の表記は文献や神社により異なります。この「御祭神事典」での神名表記は、原則として『古事記』に従っています。P.155「東照大権現」以外の画像はすべて『神佛図會』（国立国会図書館蔵）より。

熊野権現とは？

和歌山県の熊野地方に鎮座する熊野本宮大社・熊野速玉大社・熊野那智大社（これを熊野三山という）の神のこと。神名でいうと家津美御子大神・速玉大神・夫須美大神である。神仏習合時代はそれぞれが阿弥陀如来・薬師如来・千手観音の化身とされた。熊野三山をめぐると現世と来世の両方のご利益が得られるといわれ、上皇から庶民に至るまで多くの者が列をなすように参拝に訪れた。これを「蟻の熊野詣で」という。後白河法皇は34度、後鳥羽上皇は28度行幸されている。

『神佛図會』では、熊野三山に祀られる三神を「速玉男之神」「泉津事解之男神」「熊野櫲樟日尊」としている。

用語解説② 国津神…高天原と黄泉国の間にある葦原中国（日本の国土の古称）にいた神々。地祇、産土神とも。

子だくさんの地上の神々の王

大国主神（おおくにぬしのかみ）

大穴牟遅神（おおなむぢのかみ）ともいう。地上の神（国津神）の王であるが、最初は八十神（やそがみ）という兄神たちのイジメにあう若く優しい神として神話に登場する。根の国の須佐之男命のもとに逃げていき、その試練を須佐之男命の娘の須勢理毘売命（すせりびめのみこと）の助力を得て乗り越え、王となる強さを得た。少名毘古那神（すくなびこなのかみ）とともに地上を開発し、人々に農業や医薬を教えたという。天照大御神の使者からの国譲りの要求に応える代わりに壮麗な神殿の建築を求め、出雲大社が創建されたという。『日本書紀』によれば181柱の御子神があったという。

別 大穴牟遅神（大己貴神）、葦原色許男神、八千矛神、宇都志国玉神／分 国津神／⛩ 出雲大社（P.108）、北海道神宮（P.28）、大洗磯前神社（P.45）、太平山三吉神社（P.30）、二荒山神社（P.44）、大國魂神社（P.46）、氷川神社（P.47）、武蔵御嶽神社（P.54）、氣多大社（P.65）、日吉大社（P.83）、大神神社（P.87）、大神山神社（P.114）、金刀比羅宮（P.110）、十根川神社（P.136）など／徳 縁結び、医薬・病気平癒、夫婦和合、開拓、産業開発、商売繁盛など

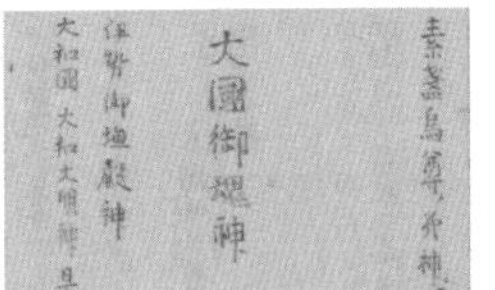

『神佛図會』に描かれた「大國御魂神（おおくにみたまのかみ）」。同神は諸国の国魂を統合的に象徴した神名とする説もある。

大物主神（おおものぬしのかみ）と大國魂神（おおくにたまのかみ）

大物主神は、少名毘古那神に去られて悲嘆にくれていた大国主神の前に海を照らしながら出現し、大国主神の国造りの手伝いをした神。『日本書紀』は大物主神を大国主神の「幸魂（さきみたま）・奇魂（くしみたま）」（幸いをもたらす霊験ある神霊）と述べているので、大国主神の分身的存在とも考えられる。大神神社（おおみわ）（奈良県桜井市）のご祭神。

「大国魂（霊・玉）」とは、その国（土地）の神霊のこと。土地神・地主神という言い方もあるが、より広い範囲を治める神を指すことが多い。

尾張大国霊神社（愛知県稲沢市）のご祭神はこうした例であるが、大國魂神は大国主神の別称の一つなので、大國魂神社（東京都府中市）のように国魂としての大国主神を祀る神社もある。

小さいけれども頼りになる神

少名毘古那神（すくなびこなのかみ）

『日本書紀』に従って少彦名神と表記されることも多い。非常に小さな神で、親である神産巣日神（かみむすひのかみ）（『日本書紀』では高御産巣日神（たかみむすひのかみ））の指の股からこぼれ落ちたという。ガガイモの実の舟に乗って大国主神の前に現れ、国造りの手伝いをしたが、その途上で常世国（とこよのくに）へ去ってしまう。『古事記』にはその活動はあまり書かれていないが、『日本書紀』には医薬のことや鳥獣の害を防ぐことを人々に教えたとあり、医療の神として信仰されてきた。大阪市の少彦名神社などで祀られる。

別 少彦名命、天少彦根命、須久奈比古命、小比古尼命／分 国津神／⛩ 酒列磯前神社（P.45）、太平山三吉神社（P.30）、神田神社（P.52）、武蔵御嶽神社（P.54）、大神神社（P.87）、全国の少彦名神社など／徳 医薬・病気平癒、酒造繁栄、五穀豊穣、海上安全など

大国主神の代弁者

事代主神（ことしろぬしのかみ）

大国主神の御子神（みこがみ）で、その代表的存在。大国主神が天照大御神から派遣された建御雷神（たけみかづちのかみ）に国譲りを迫られた時、最初に意見を求めたのが事代主神であった。「事代主」という神名から神の言葉を伝える役割をもった神だと考えられている。

国譲りの時、事代主神は出雲の美保岬（みほみさき）の沖で釣りをしていたともいわれることから、福神の恵比須（えびす）と同一視されることもある。『日本書紀』では神武天皇（じんむ）の皇后・媛蹈鞴五十鈴媛命（ひめたたらいすずひめのみこと）の父だとする。島根県松江市の美保（みほ）神社などで祀られる。

別 八重言代主神、八重事代主神／分 国津神／⛩ 美保神社（P.107）、三嶋大社（P.66）、長田神社（P.98）、今宮戎神社（大阪府）など／徳 海上安全、大漁満足、商売繁盛、開運、歌舞音曲上達など

建御名方神（たけみなかたのかみ）

武士の崇敬を受けた諏訪の大神

大国主神の御子神。長野県の諏訪大社とその分社で祀られる。『古事記』によれば、建御雷神が国譲りを迫った際、これに反発して力比べを挑んだが、破れて諏訪に逃げ込み、ここから出ないことを条件に命乞いをしたとする。しかし、地元の伝承では建御名方神は天から下った神で、もともと諏訪にいた洩矢神（もりやのかみ）を打ち破ってこの地に鎮座したのだという。こうしたことから、武田信玄などの武士から武神として崇敬された。また、狩猟神としての性格もあり、諏訪大社の御頭祭（おんとうさい）では鹿の頭が供えられる。

別 南方刀美神／分 国津神／⛩ 諏訪大社（P.62）、全国の諏訪神社など／徳 五穀豊穣、武運長久、狩猟守護、子孫繁栄、交通安全など

阿遅鉏高日子根神（あじすきたかひこねのかみ）

国土開発の神

大国主神の御子神。神社の祭神としては『日本書紀』の味耜高彦根神の表記が用いられることが多い。『古事記』には天若日子（あめのわかひ）の葬送に弔問した際に死者と間違われたことを怒り喪屋（もや）を壊したという神話が収録されているが、名前に「鉏」（鋤・鍬）が使われていることからもわかるように、土地の開拓に関わる神と考えられる。大和国葛城の鴨氏（かもし）が祀る神であったとする説もある。『出雲国風土記』には泣いてばかりいて大国主神を困らせたという神話が載る。福島県の都々古別（つつこわけ）神社、奈良県の高鴨（たかかも）神社などで祀られている。

別 味耜高彦根命、迦毛大御神／分 国津神／⛩ 高鴨神社（奈良県）、都々古別神社（P.38）、二荒山神社（P.44）、土佐神社（P.111）など／徳 五穀豊穣、開拓、農業守護、諸業繁栄など

国譲りを成し遂げた武神

建御雷神（たけみかづちのかみ）

『日本書紀』の表記に従って武甕槌神とすることもある。伊邪那岐命が火の神・火之迦具土神を斬った時に用いた剣・伊都之尾羽張神の御子神。剣や雷の神。大国主神に国譲りを迫って受け入れさせた武神として知られる。その際、建御名方神と戦って打ち破っている。近世には建御雷神を祀る鹿島神宮（茨城県）の境内にある要石が地震を起こす大ナマズを抑えていると信じられるようになり、地震抑えの神としても信仰された。

別 武甕槌神、建布都神、豊布都神、鹿島大明神／分 天津神／⛩ 鹿島神宮（P.45）、春日大社（P.87）、枚岡神社（P.88）、鹽竈神社（P.31）、古四王神社（P.30）、真山神社（P.34）、全国の鹿島神社・春日神社など／徳 武運長久・勝運、武道成就、国家安泰、家内安全、厄除開運など

鋭い剣の切れ味を示す名前

経津主神（ふつぬしのかみ）

国譲りを成し遂げた武神としては建御雷神が有名だが、『日本書紀』では経津主神が立役者であったと伝える。一之宮貫前神社（群馬県）にも経津主神と建御名方神が激戦を繰り広げたという神話が伝わっている。経津主神という神名に含まれる「フツ」は剣が物を断ち切る時の音を表しているとされ、鋭い切れ味の剣を神格化したものと考えられている。ここから武士や剣術家の信仰を集めた。なお、経津主神を祀る香取神宮（千葉県）の境内にも要石があり、地震を起こす大ナマズの尻尾を抑えているといわれる。

別 斎主神、香取大明神／分 天津神／⛩ 香取神宮（P.45）、春日大社（P.87）、枚岡神社（P.88）、鹽竈神社（P.31）、全国の香取神社・春日神社など／徳 武運長久・勝運、武道成就、国家安泰、産業繁栄、厄除開運など

辻（つじ）に立つ道しるべの神

猿田毘古神（さるたびこのかみ）

天照大御神の御孫神である邇邇芸命が地上に天降りしようとしていた時、天の辻に立っていた神。丈が高く、長大な鼻をもち、光り輝く目をしていたため神々は恐れで近寄ることができなかったが、にらみ合いに負けることのない天之宇受売命（あめのうずめのみこと）が問いただし、天孫を道案内するために待っていたのだとわかった。ここから道案内の神、「道開き」の神として信仰されてきた。また、道祖神と同一視されることもある。鼻が高いとされることから、神楽では天狗の面が用いられることがある。

別 猿田彦命／分 国津神／⛩ 椿大神社 (P.92)、二見興玉神社 (P.94)、太田神社 (P.40)、白鳥神社 (P.76)、全国の猿田彦神社・白鬚(髭) 神社など／徳 交通安全、無病息災、厄除開運、商売繁盛など

全国の山を治める神

大山津見神（おおやまつみのかみ）

伊邪那岐命・伊邪那美命の御子神。『日本書紀』の表記に従って大山祇神とすることもある。山の神という場合、それぞれの山に鎮座する神を指す場合と、すべての山を管轄する神の2種類があるが、大山津見神は後者にあたる。それだけに御子神が多く、中でも邇邇芸命の妃となる木花之佐久夜毘売命（このはなのさくやびめのみこと）が有名。また、須佐之男命の妃となる櫛名田比売命（くしなだひめのみこと）の父の足名椎（あしなづち）も大山津見神の御子神である。なお、火之迦具土神が死んだ時にその体に8柱の山津見神が生まれるが、大山津見神との関係は不明。

別 大山祇神、大山積神／分 国津神／⛩ 大山祇神社 (P.110)、岩木山神社 (P.29)、湯殿山神社 (P.31)、寳登山神社 (P.48)、三嶋大社 (P.66)、全国の大山祇神社・三島神社・山神社・十二神社など 徳 水源水利、商売繁盛、家内安全、延命長寿、縁結びなど

平安遷都以前の京を開発した神

大山咋命（おおやまくいのかみ）

比叡山に鎮座する日吉大社と京都嵐山に鎮座する松尾大社で祀られる神。この2社で祀られることに関して『古事記』は「この神は近つ淡海（近江）国の日枝（比叡）の山に坐し、また葛野の松尾に坐し」と述べている。こうしたことから平安遷都以前の京を開発した賀茂氏や秦氏と関係が深いと考えられている。伝承によると、昔、丹波国は湖であったが住民の願いにより大山咋神が嵐山の保津峡を切り開き陸地としたという。酒の神としても信仰されている。

別 山末之大主神／分 国津神／⛩ 日吉大社（P.83）、松尾大社（P.86）、日枝神社（P.52）、根津神社（P.58）、全国の日吉神社・日枝神社・山王神社など／徳 方除け、厄除開運、縁結び、家内安全、夫婦和合、商売繁盛、酒造りなど

伊勢神宮外宮で祀られる食物の神

豊受大神（とようけのおおかみ）

伊勢神宮外宮に祀られる神。食を司る神であり、内宮に鎮座される天照大御神に食事を奉る神。伊勢神宮では「衣食住、産業の守り神」とする。『古事記』に登場する豊宇気毘売神（稲などに実りをもたらす神）、登由宇気神（邇邇芸命の降臨に付き従った神）と同一とされるが、異説もある。外宮に鎮座しているのは、先に伊勢に鎮座していた天照大御神が「独りで鎮座していると不便も多いので、丹波国にいるわが御饌都神である等由気大神を伊勢に迎えてほしい」と雄略天皇に告げたことによるという。

別 豊宇気毘売神、登由宇気神、等由気大神／分 天津神／⛩ 伊勢神宮（P.82）、籠神社（P.96）、鳥海山大物忌神社（P.35）、妙義神社（P.50）／徳 五穀豊穣、衣食住守護、諸業繁栄など

瓊瓊芸命が一目惚れした花の女神

木花之佐久夜毘売命

このはなのさくやびめのみこと

大山津見神の御子神。文字通り花の女神。天照大御神の命で地上に降臨した瓊瓊芸命は笠沙(かささ)の岬(鹿児島県という)で木花之佐久夜毘売命と出会って一目惚れし求婚した。喜んだ大山津見神は姉の石長比売命(いわながひめのみこと)を添えて妃として差し出したが、瓊瓊芸命は、石長比売命は醜いという理由で返してしまった。これにより瓊瓊芸命の子孫は花のように短い寿命となったとされる。また、不義を疑われた際には火をつけた産屋(うぶや)で無事出産をして身の潔白を証している。富士山の神とされ、各地の浅間(せんげん)神社で祀られる。

別 木花開耶姫、神吾田津姫(かむあたつひめ)、神吾田鹿葦津姫(かむあたかあしつひめ)／分 国津神／⛩ 北口本宮冨士浅間神社(P.64)、富士山本宮浅間大社(P.66)、霧島神宮(P.131)、高千穂神社(P.135)、全国の浅間神社など／徳 家内安全、安産・子育て、水徳、火難消除など

天照大御神の孫にして天皇の祖先

瓊瓊芸命

ににぎのみこと

正しくは天邇岐志国邇岐志天津日高日子番邇邇芸命(あめにきしくににきしあまつひこひこほのににぎのみこと)。天忍穂耳命(あめのおしほみみのみこと)の御子神で天照大御神の孫(天孫(てんそん))にあたる。天照大御神に代わって地上を統治する役目は本来天忍穂耳命のものであったが、地上平定を待っている間に瓊瓊芸命が生まれたので瓊瓊芸命が担うことになった。瓊瓊芸命の曽孫が初代天皇となった神武(じんむ)天皇であり、瓊瓊芸命は天皇の祖型といえる。一説では即位の際に行われる大嘗祭(だいじょうさい)は、瓊瓊芸命の天孫降臨を追体験し地上統治の役割を引き継ぐものだとされる。山幸彦(やまさちひこ)こと火遠理(ほおり)の父神。

別 瓊瓊杵尊／分 天津神・皇祖／⛩ 高千穂神社(P.135)、霧島神宮(P.131)、射水神社(P.71)、北口本宮冨士浅間神社(P.64)など／徳 五穀豊穣、商業繁栄、家内安全、縁結び、厄除開運など

海幸彦・山幸彦の話で知られる

ほおりのみこと
火遠理命

天津日高日子穂穂手見命ともいう。邇邇芸命の御子神。山の幸を得る神徳をもっていたことから山幸彦とも呼ばれる。同じく海の幸を得る神徳があった兄の火照命（海幸彦）と暮らしていたが、あるときそれぞれの得物（幸をもたらす釣針と弓矢）の交換を申し出る。ところが、兄の釣針をなくしてしまったため、綿津見神（海の神）の館まで探しに行くこととなる。ここで豊玉毘売と出会い結ばれる。綿津見神から授かった宝玉の力で兄を屈服させるが、出産を覗いてしまったため豊玉毘売に去られてしまう。

別 彦火火出見尊、山幸彦／分 皇祖／⛩ 鹿児島神宮（P.131）、若狭彦神社（P.74）、和多都美神社（P.133）、青島神社（P.134）、南宮大社（P.66）など／徳 五穀豊穣、産業繁栄、勝運、海上安全、縁結びなど

神武天皇の父

うがやふきあえずのみこと
鵜葺草葺不合命

火遠理命と豊玉毘売の御子神。天津神の子を海中で出産するわけにはいかないと豊玉毘売が地上にやってきたので、火遠理命は産屋を建てるが、屋根を鵜の羽で葺き終わらないうちに産気づいてしまう。ここから鵜葺草葺不合命と名づけられた。その出産の場面を火遠理命が覗いてワニ（サメ）の姿で産んでいるのを見てしまったため、恥じた豊玉毘売は海に帰ってしまい、代わりに妹の玉依姫を乳母として送った。鵜葺草葺不合命は生長後、この玉依姫を妃に迎え、神倭伊波礼毘古（神武天皇）を生む。

別 天津日高日子波限建鵜葺草葺不合命、彦波瀲武鸕鷀草葺不合尊／分 皇祖／⛩ 鵜戸神宮（P.134）、霧島神宮（P.131）、宮崎神宮（P.130）、高千穂神社（P.135）など／徳 夫婦和合、安産・子育て、縁結び、海上安全など

初代天皇として即位

神倭伊波礼毘古命（かむやまといわれびこのみこと）

初代天皇。神武天皇の名で知られるが、これは漢風諡号（中国風の贈り名）といって後からつけられたものであり、『古事記』『日本書紀』ではこの名で記述されている（『日本書紀』での表記は神日本磐余彦天皇）。兄弟とともに九州の日向地方に住んでいたが、天下を統一するのにふさわしい場所を求めて東へ遠征を開始。近畿に入ろうとしたところで那賀須泥毘古の抵抗にあって兄の五瀬命が戦死したため、改めて熊野から上陸。八咫烏（熊野の神の使い）の案内で近畿に向かい、那賀須泥毘古を倒して橿原宮で即位した。

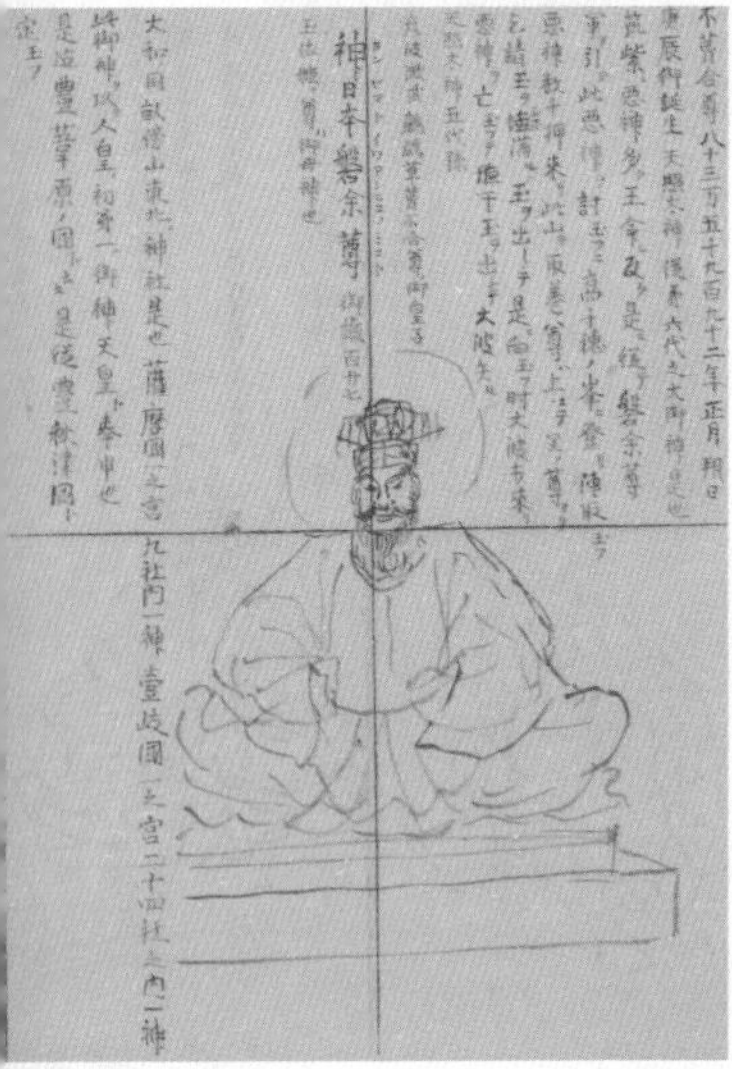

別 神日本磐余彦命、神武天皇／分 皇祖／⛩ 宮﨑神宮（P.130）、霧島神宮（P.131）、寶登山神社（P.48）、竃山神社（P.89）など／徳 病気平癒、武運長久・勝運、延命長寿など

悲劇の英雄神

倭建命（やまとたけるのみこと）

景行天皇の皇子。『日本書紀』の表記に従って日本武尊と書かれることが多い。本来の名は小碓命であるが、熊曽（熊襲）を征伐した際に、その族長である熊曽建より倭建の名を奉られた。九州の熊曽および出雲への征西に続いて東国への遠征を命じられた倭建命は、その途上で伊勢神宮に立ち寄り叔母の倭比売命より草薙剣を授かった。この剣により相模国の国造の火攻めを破り、浦賀水道での海難には妃の弟橘比売命の犠牲により乗り切り、東征を果たした。しかし、伊吹山の神の祟りにより三重で没した。

別 日本武尊／分 皇族／⛩ 熱田神宮（P.67）、大鳥大社（大阪府）、妙義神社（P.50）、十和田神社（P.33）、都々古別神社（P.38）、外川神社（P.41）、武蔵御嶽神社（P.54）、全国の大鳥（鷲）神社・白鳥神社など／徳 国土平安、五穀豊穣、商売繁盛、交通安全、厄除開運など

国際航路を守る三姉妹の神

宗像三女神（むなかたさんじょしん）

多紀理毘売命・市寸島比売命・多岐都比売命の3柱からなる海の女神。天照大御神と須佐之男命が宇気比という占いをした際に誕生した。天照大御神の命で海上交通の要衝に降下したと神話に記されているが、実際宗像三女神を祀る宗像大社（福岡県宗像市）の沖津宮がある沖ノ島は玄界灘の真ん中にある。航海を守る神として遣唐使なども必ず参拝をした。

『神佛図會』（国立国会図書館所蔵）より、右から「瀛津嶋姫尊」「市杵嶋姫尊」「湍津嶋姫尊」。湍津嶋姫尊は、なぜか男神の姿で描かれている。

分 天津神／社 宗像大社（P.126）、嚴島神社（P.106）、隠津島神社（P.39）、江島神社（P.7）、都久夫須麻神社（P.95）、瀧尾神社（P.57）など／徳 国家安泰、海上安全、交通安全、大漁満足、美人祈願など

航海と軍事と商売と和歌の神

住吉三神（すみよしさんしん）

伊邪那岐命が黄泉の国（死者の国）から戻って、穢れた体を清めるため海で禊をした際に生まれた神。底筒之男命・中筒之男命・上筒之男命の3柱からなる。神功皇后（第14代仲哀天皇の皇后）が新羅遠征した時に守護した神であることから、航海と軍事の神として崇敬された。また、後世、商売繁盛の神、和歌の神としても信仰を集めた。

『神佛図會』（国立国会図書館所蔵）より、右から「底筒男尊」「中筒男尊」「表筒男尊」。

分 天津神／社 住吉大社（P.88）、住吉神社（P.118）、香椎宮（P.127）、全国の住吉神社など／徳 海上安全、武運長久、商売繁盛、厄除開運、文芸上達など

武門の守護神として崇敬された

八幡神（はちまんしん）

「やはたのかみ」とも読む。応神天皇のこととされるので、神社の祭神としては応神天皇または品陀和気命（誉田別尊）とされることもある。大分県の宇佐神宮とその分社に祀られる神。『古事記』『日本書紀』には「八幡神」の記述はないが、隼人の反乱を収めたことや東大寺大仏の建立を助けたことから朝廷からも崇敬されるようになり、各地に分社が建てられた。とくに石清水八幡宮と鶴岡八幡宮が信仰を集め、中世以降は源氏が氏神として崇敬したことから武士の守護神として信仰されるようになった。

別 応神天皇、誉田別命、品陀和気命／分 皇祖／⛩ 宇佐神宮（P.128）、石清水八幡宮（P.86）、鶴岡八幡宮（P.47）、函館八幡宮（P.28）、盛岡八幡宮（P.30）、大宮八幡宮（P.59）、井草八幡宮（P.59）、香椎宮（P.127）、筥崎宮（P.127）、全国の八幡宮・八幡神社など／徳 武運長久・勝運、国家安泰、厄除開運、交通安全、家内安全など

庶民のさまざまな願いを受け止めた神

稲荷神（いなりしん）

京都の伏見稲荷大社とその分社で祀られる神。親しみをこめて「お稲荷さん」とも呼ばれる。米などの豊作をもたらす神で、もとは渡来系氏族の秦氏の氏神であったが、東寺との関わりを通して朝廷や貴族からも信仰されるようになり、また各地の田の神への信仰を取り込むことで庶民にも信仰が広まった。さらに作物の豊かさだけではなく財産の豊かさももたらすと信じられるようになり、商家などの邸内に祀ることも増えた。とくに江戸では一種のブームとなり、多いもののたとえにもされた。

別 宇迦之御魂神、倉稲魂神／分 国津神／⛩ 伏見稲荷大社（P.86）、志和稲荷神社（P.35）、太皷谷稲成神社（P.117）、全国の稲荷神社など／徳 五穀豊穣、商売繁盛、家内安全、厄除開運など

祟り神から学芸の神へ

てんじん（すがわらのみちざねこう）

天神（菅原道真公）

菅原道真公（845～903）は実在の文人政治家。学問や漢詩の才で名を上げ、宇多天皇に重用されて右大臣にまで出世したが、無実の罪の告発をうけて太宰府に左遷され、この地に没した。それから間もなく朝廷では異変が続き、道真公を陥れたとされる公卿たちが次々に死去。さらに清涼殿に落雷があって死傷者を出すということまで起こり、道真公の祟りとして恐れられた。そのため怒りを鎮める目的で左遷を取り消し、天神として祀るようになった。その後、祟り神としての信仰は薄れ、無実の罪をすすぐ神、文芸の神、学問の神として信仰されるようになった。

[別] 天満大自在天神／[分] 人神／[⛩] 北野天満宮（P.84）、太宰府天満宮（P.127）、防府天満宮（山口県）、亀戸天神社（P.60）、湯島天満宮（P.60）、全国の天満宮・天神社など／[徳] 学業成就、農業守護、病気平癒、延命長寿、雷除けなど

将軍から神になった男

とうしょうだいごんげん（とくがわいえやすこう）

東照大権現（徳川家康公）

家康公肖像（国立国会図書館所蔵）

江戸幕府初代将軍の徳川家康公（1543～1616）は死に際して次のように遺言したという。「遺体は久能山に納め、葬式は増上寺で行い、位牌は大樹寺に安置するように。一周忌を過ぎたなら日光に小さな堂を建てて霊を祀るように」

この遺言に従って日光に東照宮が創建された。天下人を神に祀ることは豊臣秀吉（豊国大明神）の先例があるが、豊臣政権が崩壊したためその信仰は広まらなかった。一方、東照宮は3代将軍家光が祖父の家康公を熱く崇敬していたこともあって各地に分社が建てられた。

[分] 人神／[⛩] 日光東照宮（P.44）、久能山東照宮（P.75）、上野東照宮（東京都）、仙波東照宮（埼玉県）、滝山東照宮（愛知県）、世良田東照宮（群馬県）ほか、全国の東照宮／[徳] 厄除開運、家内安全、学業成就、商売繁盛、武運長久・勝運など

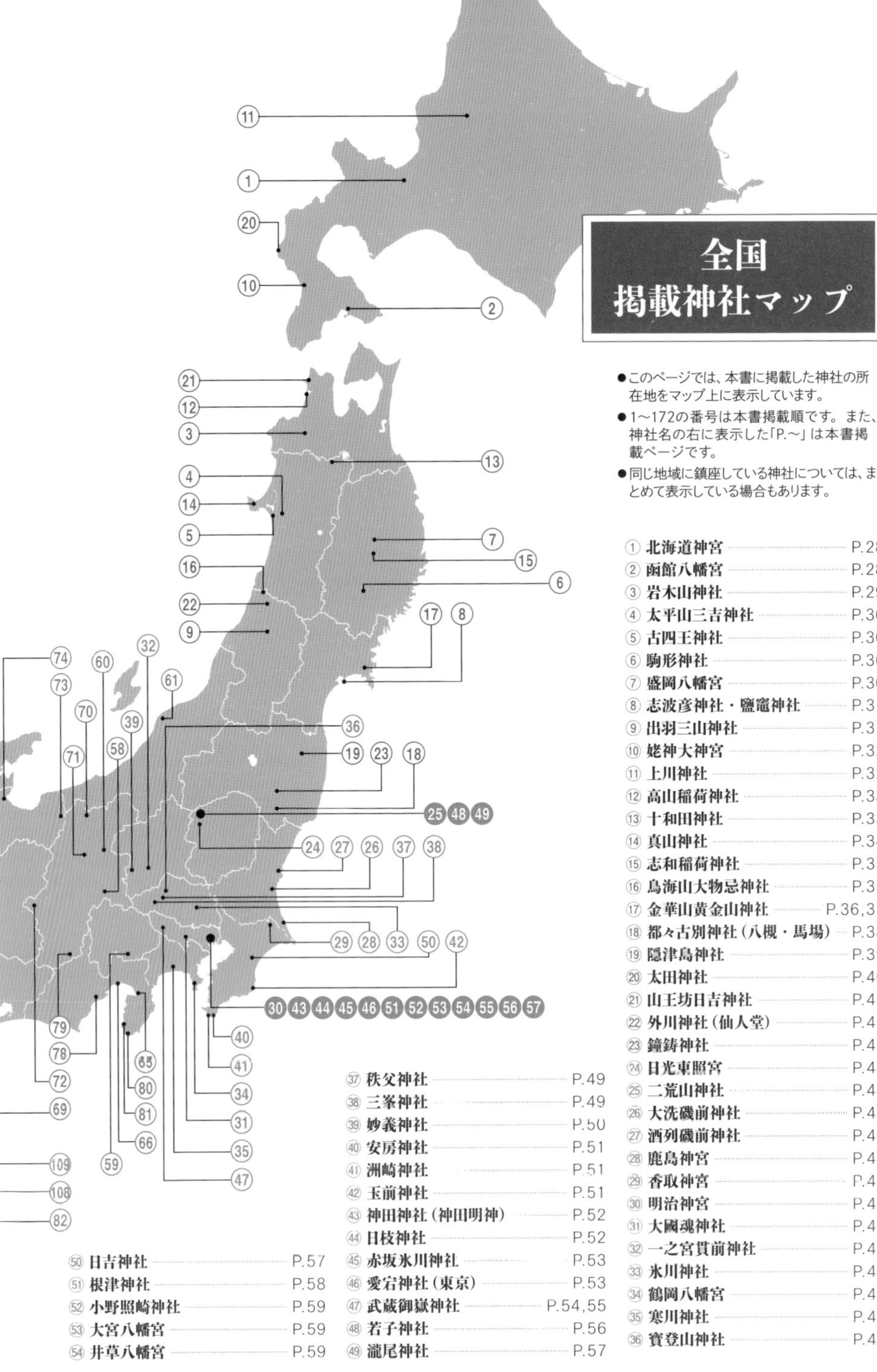

全国
掲載神社マップ

- このページでは、本書に掲載した神社の所在地をマップ上に表示しています。
- 1～172の番号は本書掲載順です。また、神社名の右に表示した「P.～」は本書掲載ページです。
- 同じ地域に鎮座している神社については、まとめて表示している場合もあります。

た行

な行

は行

ま行

や行

ら行

わ行

掲載神社索引（50音順）

あ行

か行

さ行

渋谷申博（しぶや のぶひろ）

1960年、東京生まれ。早稲田大学第一文学部卒。日本宗教史研究家。『図解 はじめての神道・仏教』（ワン・パブリッシング）、『眠れなくなるほど面白い 図解 神社の話』『眠れなくなるほど面白い 図解 神道』（以上、日本文芸社）、『歴史さんぽ 東京の神社・お寺めぐり』『神々だけに許された地 秘境神社めぐり』『聖地鉄道めぐり』『全国 天皇家ゆかりの神社・お寺めぐり』（以上、小社刊）ほか著書多数。

全国の神社 福めぐり

初版発行 2021年12月28日

著者 渋谷申博

発行人 坂尾昌昭
編集人 山田容子
発行所 株式会社G.B.
〒102-0072 東京都千代田区飯田橋4-1-5
電話 03-3221-8013（営業・編集）
FAX 03-3221-8814（ご注文）
URL https://www.gbnet.co.jp
印刷所 音羽印刷株式会社

ISBN 978-4-910428-12-3

staff

編集	小芝俊亮（小道舎）
編集協力	小芝絢子（小道舎）、米良厚
AD・表紙デザイン	山口喜秀（Q.design）
デザイン	森田千秋（Q.design）
DTP	G.B. Design House
イラスト	川島健太郎
写真提供	渋谷申博
営業	峯尾良久、長谷川みを（G.B.）
校正	東京出版サービスセンター

本書を執筆するにあたり、各神社の縁起書・パンフレット・公式ホームページなどを参照させていただきました。紙幅の関係からそれらを列記することはできません。

関係者の皆様にはこの場を持ってお詫び申し上げますとともに、篤く感謝いたします。

※本書は2018年11月に小社より刊行した『一生に一度は参拝したい 全国の神社めぐり』を増補・改訂し、再編集したものです。